AF597806

Al día siguiente de la conquista

Al día siguiente de la conquista

Una historia de lo que España hizo en América

Juan Miguel Zunzunegui

Grijalbo

El papel utilizado para la impresión de este libro ha sido fabricado a partir de madera procedente de bosques y plantaciones gestionadas con los más altos estándares ambientales, garantizando una explotación de los recursos sostenible con el medio ambiente y beneficiosa para las personas.

Al día siguiente de la conquista
Una historia de lo que España hizo en América

Primera edición: septiembre, 2025
Primera reimpresión: noviembre, 2025
Segunda reimpresión: diciembre, 2025
Tercera reimpresión: febrero, 2026

Penguin Random House Grupo Editorial, S. A. de C. V.
Blvd. Miguel de Cervantes Saavedra núm. 301, 1er piso,
colonia Granada, alcaldía Miguel Hidalgo, C. P. 11520,
Ciudad de México

penguinlibros.com

ISBN: 978-607-386-315-5

Impreso en México – *Printed in Mexico*

Dedicado con todo mi amor para Quetzalli,
porque al día siguiente de la conquista conocí la libertad.

Al día siguiente de la conquista sólo había que aceptar la realidad para alcanzar la plenitud, y la realidad era precisamente Quetzalli.

Al día siguiente de la conquista no quedaba más opción que rendirse para encontrar la algarabía, y finalmente me rendí a Quetzalli.

No hay más paz que la que nace de la aceptación. No hay mayor plenitud que la que surge del amor incondicional y es justo eso lo que día a día entrega Quetzalli.

Al día siguiente de la conquista me encontré a mí mismo.

Hay encuentros que son destino, hay citas que fueron pactadas en la eternidad.

Con amor, para Quetzalli.

Nada da mayor poder sobre los hombres que las mentiras, porque viven de ideas y éstas se pueden dirigir. Ese poder es el único que cuenta.

MICHAEL ENDE,
La historia interminable

Lo que mueve y dirige al mundo no son las máquinas, son las ideas.

VICTOR HUGO

Las ideas mueven el mundo, pero no antes de transformarse en sentimientos.

GUSTAVE LE BON

El odio a Cortés no es odio a España, es odio a nosotros mismos.

OCTAVIO PAZ

Si el mexicano odia lo español, se odia a sí mismo.

MIGUEL LEÓN-PORTILLA

ÍNDICE

LA HISTORIA DE NOSOTROS MISMOS

Al día siguiente de la conquista, españoles, tlaxcaltecas y texcocanos comenzaron, sin saberlo, a edificar un nuevo mundo. Qué difícil fue, pero qué gran mundo crearon. Qué gran epopeya de la humanidad fue la construcción de la civilización hispana, pero qué terrible historia nos contamos al respecto en ambos lados del océano.

¿Cuándo comenzamos a odiarnos tanto a nosotros mismos? Es fundamental comprender esa pregunta y encontrar respuestas si queremos acceder al futuro, uno que de momento nos fue arrebatado cuando comenzamos a dejar que sean otros los que cuenten nuestra historia. ¿Cuándo decidimos permitir que el enemigo nos diga lo que somos?

En México hemos permitido que, ingleses primero y norteamericanos después, nos cuenten nuestra historia, nos digan qué es lo que somos, y nos narren un pasado de vergüenza, conquista y genocidio del que nadie podría estar orgulloso. Un pasado y una historia que no nos dejan más opción que el repudio eterno a nuestras raíces y a todo lo que somos.

México nació en 1821, derivado de las circunstancias, sin plan ni proyecto, pero aun así con posibilidades por muchas razones: su cantidad de recursos, su posición geográfica, y el hecho de que por herencia virreinal era el centro del mundo, el núcleo de la primera globalización, el eje del comercio mundial, el dueño de la ruta comercial más próspera y la sede donde se acuñaba la moneda universal.

En contraparte, los Estados Unidos de América, nacidos cuatro décadas antes, tenían un territorio relativamente pequeño entre el Misisipi y el Atlántico, clima frío, sin metales preciosos; y al contrario de México, Nueva España, no llevaban dos siglos siendo la potencia mundial. Lo que sí tenían al nacer era plan, estrategia y proyecto. Parte de esa visión era convertirse en la nueva potencia, el nuevo centro del mundo, y para eso tenían que destruir desde el principio todo el potencial que tenía el México heredero de España. Lo lograron desde entonces y a lo largo de doscientos años contando las versiones torcidas de nuestra historia.

A partir de 1567 Nueva España era un rico imperio, era potencia, era moneda universal, era eje del mundo, y lo fue sin interrupción hasta el siglo XIX. El México que nace a la deriva en 1821 es pobre, caótico, desorganizado, bélico, militarizado, violento y decadente. Doscientos años después no ha mejorado ninguna de esas circunstancias. Nos encanta decir que es culpa de España, pero la evidencia arroja con claridad y certeza que perdimos todo a partir de nuestra ansiada libertad. De ahí en adelante tenemos dos centurias de malas decisiones de las que, a pesar de la mentada libertad, seguimos culpando a España.

Somos la historia que nos contamos de nosotros mismos porque eso es lo que nos creemos, lo que dejamos anidar en nuestra mente, y lo que determina por lo tanto toda nuestra visión de la realidad, del pasado y, por consiguiente, del presente y del futuro. Y en algún momento dejamos que el enemigo se infiltrara en lo más profundo de nuestra mente, con una narrativa de destrucción y genocidio, y nos dejara un caballo de Troya lleno de culpa y resentimiento.

Qué hermosa civilización construimos, pero qué terrible historia nos contamos. Qué grandeza llegamos a crear, pero dejamos que las narrativas de conquista nos impidan ver las maravillas que están frente a nuestros ojos: un continente entero, todo un mundo, trazado por caminos, marcado por ciudades, consagrado con catedrales, ornamentado con barroco y neoclásico, protegido por hospitales, educado con universidades, cimentado con filosofía griega, apuntalado con tradición romana y enaltecido con tradición judeocristiana.

Qué bonitas Españas hicieron los españoles en las Indias, y qué grandeza les dieron las Indias a los españoles. Qué hermosa cultura mestiza nació de esa improbable fusión de pueblos, qué imponente y fastuosa nos quedó nuestra América, llena de colores impensables, de sabores insospechados, y de danzas nunca antes danzadas. Qué soberbia y magnífica nos quedó nuestra civilización…, y qué triste y patética historia nos contamos al respecto.

Hoy que es moda despreciar el pasado puede parecer digno y hasta justo lamentarse de la conquista, pero en esa llana y simple palabra hemos sintetizado la mayor parte de nuestra historia común, los trescientos años en los que fuimos la mayor potencia del planeta; y así, con lamentos y culpas de conquistas que nunca fueron, repudiamos lo que fuimos, y con ello, lo que somos.

Al día siguiente de la conquista, españoles y pueblos del Anáhuac[1] comenzaron a construir México. El encuentro de esas civilizaciones era lo más improbable de la historia, y sin embargo era inevitable. Había un abismo cultural tan grande entre esos pueblos que parecía imposible que se entendieran, pero lo hicieron. Nada hubiera hecho pensar que ese tremendo choque podría engendrar algo, y pese a ello hizo nacer una civilización por derecho propio.

El encuentro fue violento. Todos los encuentros de la humanidad han sido así, pero todos han sido también generadores, y la construcción de América no fue la excepción. Algo murió y algo nació, como en la historia y el proceso de todos las grandes imperios y majestuosas civilizaciones. La colisión fue injusta, sin duda alguna, porque no había una sola posibilidad de victoria para el protagonista americano en contra del europeo, ni probabilidad de que no fuese la cultura española la que absorbiese a la india.

No podía ser de otra manera. Así como la forma de vida del agricultor aniquiló la existencia de los pastores nómadas, y en cada rincón del planeta las culturas de hierro se impusieron sobre las de piedra; así los avances tecnológicos

[1] Anáhuac, el único mundo, es como los pueblos hablantes del náhuatl llamaban a los valles centrales de Mesoamérica. Un término que no existía antes del siglo XII, precisamente cuando comienza el predominio de los pueblos nahuas.

del viejo mundo se impusieron sobre los pueblos ancestrales del nuevo.

No pudo ser de otra forma. En ambos lados del océano nos contamos la historia de la utopía americana, de pueblos místicos y avanzados, de personas nobles y buenas por naturaleza, del buen salvaje en la nueva Atlántida, de civilizaciones que ya lo tenían y lo sabían todo. Pero la historia es evidencia de que tal cosa es un mito. Quinientos aventureros atrasados jamás podrían conquistar una civilización gloriosa de millones. Fue un proceso muy complejo, mucho más que la simplísima idea de una conquista.

Por eso cien mil tlaxcaltecas, texcocanos, cholultecas, huexotzincas, cempoaltecas y totonacas no exterminaron a mil españoles una vez que juntos habían derrotado a los mexicas. Podían hacerlo, quizás lo pensaron, algunos de hecho lo propusieron. Pero esos extraños y barbados hombres llegados por la mar de Oriente, por donde sale el sol y por donde regresaría la Serpiente Emplumada, tenían mucho valor; tenían conocimientos y poderes misteriosos que era necesario poseer.

No pasó en la historia compartida entre América y España nada que no haya pasado en los demás encuentros humanos de la historia. Los pueblos se mueven, los individuos migran, los aventureros exploran y los virus y las bacterias hacen su parte de la historia. Las ciudades se enriquecen y se conquistan unas a otras, los reinos buscan convertirse en imperios, que por más eternos y sagrados que se asuman, siempre caen. Los cimientos del cielo siempre se desmoronan y de las cenizas siempre nace un mundo nuevo.

Al día siguiente de la conquista comenzó a morir una Mesoamérica[2] con tres mil años de historia, pero murieron Egipto y Sumeria, los hititas y Mesopotamia, cayó muchas veces Babilonia y otras tantas Jerusalén; cayó la eterna Roma y también Constantinopla. Hubo grandes migraciones de los pueblos que conformaron en medio de conquistas a Europa, hubo hordas de guerreros nómadas que le dieron vida y forma a Asia. De cada uno de estos choques nació algo, y lo mismo ocurrió con el encuentro de España y América.

Comenzó a morir una civilización con tres milenios de historia, pero mezclando su ADN físico y cultural con el de los recién llegados, se comenzó a construir otra, que no puede ser sino superior porque es una síntesis, porque las contiene a ambas y las integra; es la dialéctica misma de la historia. Lo más importante: es la cultura que somos y que despreciamos cada vez que nos contamos nuestra historia con rabia o con culpa.

Al día siguiente de la conquista no había en el Anáhuac lamentos de derrota sino cantos de gloria, pues había caído un opresor, uno sanguinario, uno que devoraba corazones. Cayó Tenochtitlan y la vida en los valles centrales de Mesoamérica al día siguiente continuó siendo la misma. Los tributos se seguían enviando a la ciudad isla, pero el nuevo Señor no extraía corazones ni

---

[2] Mesoamérica es el nombre que académicos del siglo XIX dieron a la zona geográfica donde se desarrollaron las culturas antiguas del actual México. Territorialmente abarca desde Costa Rica hasta el centro de México, y cronológicamente fue una civilización que existió desde el año 1500 a. C. hasta el año 1521.

devoraba muslos; se buscaba la integración y no la guerra florida.[3]

Nadie perdió su señorío al día siguiente de la conquista, ni siquiera Cuauhtémoc,[4] tlatoani de Tenochtitlan. La nobleza de Texcoco y Tlaxcala amplió sus dominios, los sobrevivientes mexicas gobernaron la isla, los purépecha del occidente pactaron alianzas y los chichimeca[5] del norte siguieron en pie de guerra, tal y como estaban antes de que un solo hombre blanco pisara América, allá cuando el continente ni siquiera tenía un nombre.

Al día siguiente de la conquista la muerte era inevitable y recorría América. La guerra se hizo larga, el sitio a la ciudad interminable, la hambruna arrasadora y la viruela invencible. El reencuentro de la humanidad trajo terribles epidemias, no podía ser de otra manera, y entonces comenzó a nacer una red de hospitales en la que mezclaron las ciencias médicas modernas con las ancestrales.

El choque cultural amenazaba la existencia misma de la cosmovisión y la sabiduría indianas, y entonces ejércitos de frailes comenzaron a hacer gramáticas, a recoger

---

[3] La guerra florida fue un tributo en sangre; protocolo que los mexicas les impusieron a sus pueblos sojuzgados, principalmente a los tlaxcaltecas. Una guerra planeada con antelación, que se desarrolla una vez al año, y que sirve para que los mexicas entrenen a sus guerreros y capturen hombres para sus sacrificios humanos.

[4] Cuauhtémoc, undécimo y último líder de los mexicas, fue capturado el 13 de agosto de 1521, consumando con ello la caída de Tenochtitlan. No fue destituido de su cargo, como no lo fue ningún otro Señor indígena.

[5] Los chichimecas, o gente perro, eran las tribus salvajes al norte de Mesoamérica en el actual norte de México. Son "los bárbaros del norte" de esta civilización.

testimonios y a transcribir las lenguas. El encuentro ponía cara a cara a pueblos sin posibilidad de entenderse, y se fue construyendo una red de universidades donde los españoles hicieron gramáticas de náhuatl y los indios[6] tradujeron el mundo clásico a sus propias lenguas.

Los pueblos que habitaban América habían sido aislados del resto de la historia por un abandono geográfico. Con el fin de la era de hielo algunos miles de humanos quedaron aislados en un continente completamente desconectado del resto del mundo y quedaron sentenciados a desarrollarse en solitario. Siempre más despacio, siempre con menos recursos, siempre con catástrofes demográficas y colapsos civilizatorios.

No había pueblos más vulnerables que los del Nuevo Mundo al que los españoles llamaron las Indias. Cuando Europa llegó a América fue como un salto tecnológico y científico de miles de años en el tiempo; y un viaje a un orbe sin planicies, animales de tiro, ríos navegables y máquinas simples.

---

[6] Hay toda una bizantina discusión, de la que no formo parte, acerca de la forma correcta de referirse a los pueblos que habitaban América a la llegada de los españoles. No decir "indígenas" porque algunos investigadores dicen que es ofensivo, no decir "indios" porque esto resultó no ser la India, no decir "mesoamericanos" porque es un término decimonónico que no los define y no hablar de prehispánicos porque los define por lo que no son. Se proponen términos absurdos como cada vez que nos atemorizamos ante las palabras: amerindios, ridículo e igual de equivocado; pueblos originarios es la gran falacia de la modernidad, nativos, cuando todo el que nace en un lugar es nativo de ahí. En aras de la sencillez uso aquí indios e indígenas, porque España llamó a América las Indias, incluso tras descubrir el error, porque durante tres siglos fueron indios o indianos y nadie se ofendía, porque el racismo y la ofensa de hoy están en los ojos del que ve y juzga; y porque indígena se refiere al oriundo de un lugar que conserva su cultura ancestral.

Si la Europa construida por los bárbaros que destruyeron Roma hubiese atravesado primero el océano, aquellos pueblos hubiesen desaparecido sin dejar huella en la historia. Pero llegó España, heredera imperial, un país que estaba naciendo en medio de guerra santa, con el impulso de guerreros hijos de Roma mezclados con una pléyade de pueblos que los caprichos de la historia migratoria habían hecho confluir en Iberia.

Llegó a la América indiana el pueblo eternamente mestizo que sin saberlo llevaba siglos preparándose para dicho encuentro. No hay azares o accidentes en la historia; llegó España porque milenios de causas y efectos la prepararon y dispusieron para ello. Nada pudo haberlo evitado y somos resultado de eso. Lamentarse de lo inevitable y de lo consumado, repudiar nuestro propio pasado común, es un sendero sin fin hacia la propia destrucción.

Al día siguiente de la conquista no había forma alguna de que los protagonistas de esa epopeya pudieran tener la menor conciencia del papel que jugaban en la historia. Construían una nueva civilización. No lo sabían, desde luego. Eran un puñado de migrantes tratando de replicar su mundo en una tierra ignota, habitada por pueblos que eran para ellos atemorizantes, salvajes y desconocidos, pero también refinados, majestuosos y fascinantes.

No fue fácil. Ningún encuentro de la humanidad lo ha sido. Pero de todos los encuentros anteriores, desde el inicio de la civilización y hasta ese momento, nunca dos pueblos habían estado tan distantes uno del otro y con un abismo cultural tan inmenso. Eran dos antípodas acercándose; y en el proceso de hacer nacer una nueva cultura y un nuevo pueblo, estaban protagonizando a la vez el momento más importante de la historia hasta entonces, cuando dos mitades divididas de la humanidad se encontraron nuevamente, decenas de miles de años después de la separación.

Quiso la fuerza de la historia –la providencia, diría Agustín de Hipona– que el reencuentro de la humanidad fuera protagonizado por hispanos y por nahuas, por cristianos y toltecas, el hierro contra la piedra, los de la vuelta al mundo y los del imperio en un lago. Los del Dios que da vida en tierras del dios Huitzilopochtli que vive de arrebatarla; el que se sacrifica por ti contra el que exige tu sacrificio, el que ofrece su sangre sublimada en vino y el que bebe la tuya para sublimarse a sí mismo.

Quiso ese azar, que tanto se confunde con el destino, que se encontraran dos pueblos de Dios; dos herederos de grandes y gloriosos tiempos ancestrales; dos castas de guerreros consagrados, dos hijos de peregrinaciones a tierras prometidas; dos descendientes de imperios y de ciudades sagradas, los hijos de Teotihuacan y los de Roma, los estudiosos de Platón con los tlamatinime,[7] recitadores de los versos de Quetzalcóatl.

Quiso esa incalculable e inefable interconexión de cantidades casi infinitas de causas y efectos que se vienen eslabonando desde el inicio de la historia, que lo mejor de Europa cruzara el océano para encontrarse con lo mejor de América, y lo librara del yugo de una tribu sanguinaria que había tomado el poder para alimentar a Huitzilopochtli con los corazones de los vencidos.

[7] Sabios del pueblo mexica, mezcla de filósofos, místicos y poetas.

No tiene caso hacer narrativas ideológicas ni discursos de odio contra nosotros mismos; ese encuentro era inevitable. Hispanos de ambos lados del océano existimos a causa de ese acontecimiento. Aborrecerlo por rabia o por culpa, por falsificaciones históricas, es aborrecernos a nosotros mismos.

Al día siguiente de la conquista América y España comenzaron la más grande epopeya. Con las cenizas de Roma germinando en tierras de la Hispania, y la sangre que dejó de ser derramada en el Anáhuac para ser entregada al dios de los mexicas, castellanos y nahuas comenzaron a construir algo nunca antes existente.

Pero los verdaderos conquistadores dejaron una negra historia inoculada en lo más profundo de nuestra mente, una falacia de terror y de sangre que ha llenado de resentimiento contra sí mismo a un pueblo que hoy se extiende en ambos lados de un océano, y que aún comparte la cultura que construyeron juntos durante trescientos años. Un pueblo de quinientos cincuenta millones de habitantes que comparten toda una visión del mundo a través de la lengua que tienen en común. Una casa dividida contra sí misma por la leyenda y la falsedad. Dividida para poder ser dominada.

Al día siguiente de la conquista comenzó a nacer un imperio y lo hicimos juntos, los de ambas orillas del océano. Españoles migrando a América para hacerla su hogar y no regresar más, y tlaxcaltecas defendiendo las Filipinas contra los piratas japoneses en nombre de un monarca de la Casa de Austria. La nobleza más fastuosa de los mexicas, descendientes de Moctezuma, llegaron a España y la hicieron suya para siempre; mientras aventureros y exploradores valientes, emprendedores osados y temerarios, y frailes humildes y sabios llegaron a participar de la construcción de la hispanidad americana.

Las voces de los que creen en leyendas escritas por sus propios enemigos hablan de genocidio y masacre cultural, pero la civilización que construimos juntos en América resplandece en cada rincón de las Indias. Universidades y hospitales comenzaron a surgir en todos los rincones de ese mundo; templos y catedrales, acueductos y ciudades, gramáticas de todas las lenguas antiguas. Nuestra herencia reluce frente a nuestros ojos y no la vemos. Ese es el poder de las narrativas.

Cada templo suntuoso de América nos habla de que no hay conquista. Catedrales que se llevan doscientos cincuenta años no son nunca construidas por conquistadores, sino por gente que vive en su hogar. El arte barroco novohispano no fue creado por indios sometidos y conquistados, sino con fe y con voluntad. La gastronomía es mestiza sólo cuando los pueblos y los ingredientes se fusionan, la danza, la música, el folclor y las fiestas nos dicen a diario que la conquista existe sólo en nuestra mente.

Llegaron caballos que permitieron unir mundos antes inconexos y crear reinos gigantes; las mulas sustituyeron a los tamemes,[8] el hierro ayudó a la piedra para llegar a lo alto, y la máxima revolución de todas: la coa fue sustituida

---

[8] A falta de animales de tiro, carros con ruedas y máquinas simples, antes del siglo XVI las piedras y materiales eran transportados por hombres grandes y fuertes, tanto súbditos como esclavos, los tamemes.

por el arado y la yunta de bueyes. La tradición judeocristiana, el humanismo y el mundo grecorromano subieron en las naves españolas; esa semilla atravesó el océano y fue plantada en un vientre sagrado. Lo que germinó fue una civilización mestiza.

Jesús se fundió con Quetzalcóatl y los dioses comenzaron a vivir en las estatuas y con los nombres de una pléyade de santos. Tezcatlipoca aún tiene su culto en Chalma,[9] pero el apóstol Santiago cabalga en los pueblos indios; con sagradas danzas paganas y vestidos andaluces, se honra a Dios y a la Virgen en Oaxaca. Moctezuma y Atahualpa están grabados en piedra en el palacio de Madrid, y en los murales del Tahuantinsuyo aparecen como Incas los monarcas de España.

Nada en la existencia cuenta más historia que la lengua, y la de los caballeros feudales de una tierra de castillos al norte de la antigua Hispania romana se extendió por la tierra, cruzó a través del océano, se dispersó por un mundo nuevo y rodeó medio planeta. Y en cada parte del proceso se llenó de palabras; por eso tiene latín, griego y arabismos, galicismos y barbarismos, nahuatlismos, mayismos, incaismos y demás indigenismos.

Nuestra lengua mestiza nos grita en nuestro inconsciente la historia de nuestra integración..., y hay mexicanos

[9] Tezcatlipoca, el espejo de humo negro, era una deidad oscura, no necesariamente malvada, pero sí atemorizante, de todos los pueblos nahuas, al que se le hacían danzas y sacrificios en su fiesta anual. Por causa del sincretismo, México tiene muchos cristos negros, transformación de Tezcatlipoca, a los que hoy en día se celebra con danzas. Chalma es el pueblo más popular donde se llevan a cabo estos bailes.

que desprecian su lengua por ser otra imposición. Una vez que el enemigo te convence de odiar y denostar la lengua en la que te expresas, ha envenenado lo más profundo de tu alma y te ha derrotado para siempre.

La lengua es la patria, es la lengua lo que forma a los pueblos. Hablar en español significa pensar en español, comprender el mundo en español, amar en español. Con la lengua es como un pueblo comparte todo lo que es; su cultura, sus valores y su cosmovisión.

Y qué decir del papel de la religión. Antes de que entre ilustrados y progresistas le arrebataran todo valor, hasta antes del siglo XIX fue el sustento de todas las civilizaciones y lo sigue siendo más allá del mundo occidental. Ni siquiera tiene que ver con Dios y dioses, con iglesias e instituciones, sino con ética, humanismo, racionalidad, filosofía, metafísica, esperanzas y cosmovisiones. Hasta la mente de los ateos está conformada por la religión y las religiones.

Pero nos contamos la historia con mucha falsedad. En el transcurrir del tiempo, como todo en la existencia, nada sale de la nada, sino que todo es una serie de causas y efectos. Todo lo presente está causado por el pasado y lo integra.

Nos contamos la historia de que la Edad Media, de la que evidentemente también provenimos, fue oscura y atrasada, evidentemente por culpa de la Iglesia, pero lo único obvio y evidente es que el renacimiento, el humanismo y la ciencia del siglo XVI son causados por el pasado, por ese Medioevo religioso donde la Iglesia conservó cultura, construyó conocimiento, desarrolló filosofía, promovió arte, estudió los cielos e hizo cosmografía, exploró la tierra y generó cartografía, hizo ciencia, por más que olvidemos que Copérnico era sacerdote, igual que Georges Lemaître.

No, pretendemos que, en medio del atraso, la ignorancia y el oscurantismo brotó de pronto la luz. De la nada. Nada se sabía y de pronto todo se supo. No hay causa para el efecto. El conocimiento apareció de pronto.

Pero si la gente del siglo XVI puede generar el humanismo renacentista, comprobar, una vez más, la redondez de la Tierra, descubrir los movimientos de los planetas, desarrollar complejas herramientas de navegación y naves que dan la vuelta al mundo, es porque usan el conocimiento del pasado, sea el medieval construido por la Iglesia, o el del mundo antiguo, preservado a la memoria de la humanidad por la misma institución tras el colapso del mundo antiguo.

Y además de una misma lengua universal que nos permite contarnos el mundo y nuestras historias; quinientos cincuenta millones de hermanos compartimos a través de ella toda nuestra visión del universo, y construimos y comprendemos en ella una misma espiritualidad común, mestiza y folclórica, hereje y suigéneris, alegre y esperanzadora.

Y Guadalupe. En México ateos y creyentes coinciden en Guadalupe, blancos y de todos los colores, de la aristocracia y del pueblo llano, hispanos e indigenistas. El noble y el villano, el prohombre y el gusano, sin importar la distancia, todos son guadalupanos; aunque es un culto muy nuestro y muy propio, porque es la virgen católica, y es también nuestra diosa madre, no habría guadalupanismo sin España; no sin los árabes tras cuya derrota "se aparece" la virgen, y quizás no sin los egipcios, pues cada virgen negra del mediterráneo tuvo su origen en Isis.

Pero qué terrible historia falseada nos contamos de nosotros mismos. México no estaba conquistado en el siglo XIX. No era ese el relato, no éramos resultado del despojo español tras una cruenta conquista. No existe la memoria de los pueblos ni mucho menos la memoria colectiva. No de forma natural; es siempre un acto de poder. Son narrativas que se inoculan desde el poder, y fue hasta el siglo XX que en México y en España se comenzó a hablar de una conquista.

Sólo desde el poder se puede imponer una visión y una versión histórica en todo un pueblo, más aún si ese pueblo está siendo conformado en la era en la que nacen los estados modernos y los medios de comunicación masiva. Con educación del gobierno y texto obligatorio, con radio y con cine, con intelectuales cooptados y maestros controlados, decretos oficiales y muralismo comunista, en el México posrevolucionario se fue creando una leyenda de conquista, una de tintes marxistas que siempre contrapone al proletario contra el explotador y al indio contra el español.

México no existiría sin España y España no existiría sin México. Esa es la única verdad ineludible. Somos un mismo pueblo. Lo más importante de toda esa hermosa complejidad de nuestra historia compartida es que somos resultado de ese proceso. Repudiar lo que fuimos es repudiar lo que somos, negar el pasado produce falacias y amnesia..., revisarlo, porque ha sido contado por el enemigo, es necesario.

A nadie le ha ido bien desde hace doscientos años que se fragmentó España. Pasamos de ser el centro del mundo a su rincón olvidado, de la amenaza contra Estados Unidos a su patio trasero, de moneda universal a pesos devaluados, de cultura de avanzada a ser repudiados, de encabezar la globalización a quedar en la retaguardia.

Por eso la propia España no termina de encontrar su lugar digno en Europa, una supuesta unión que no es de veintisiete países y donde algunos parecen estar establecidos en la habitación trasera. No se promueve el español como el inglés o el francés, presionan a Brasil para erradicar nuestra lengua y hasta quieren quitar de los tableros nuestra hermosa letra eñe. La España americana puede seguir eternamente siendo vasalla de los estadounidenses, y la España europea de sus "socios" en la Unión..., o podríamos reclamar nuestra propia civilización y nuestro propio lugar en el mundo.

En México nos contamos una historia de miseria donde nada es culpa nuestra y todo es culpa de España; una que nos permite esconder doscientos años de fracasos y miserias, de errores continuos y perpetuas guerras. La terrible contraparte a nuestra historia de rabia es la versión de culpa que se cuentan en España; esa donde lamentan y hasta se flagelan de la mal llamada conquista, se avergüenzan de cosas que nunca ocurrieron, y repudian lo que hicieron y lo que fueron, con lo cual, evidentemente, desprecian lo que son. No puede ser de otra forma.

En México la historia que nos contamos es que papá cruzó el océano para violar a mamá, le robó su oro, herencia nuestra incluida, y se regresó cobardemente a su tierra. En España se cuentan que destruyeron y exterminaron un mundo que ya era perfecto. Juntos nos contamos historias de masacres y genocidios, de violación y barbarie, de oscuridad y medievalismo. Decimos que al día siguiente de la conquista se devastó América...

Pero qué tal si todo aquello que nos hemos contado no es del todo cierto. Nos contamos una historia que nos derrotó, como imperio, pueblo y civilización, en el más terrible campo de batalla: en nuestra mente.

Podemos tener un mejor futuro si nos contamos una historia distinta. Necesitamos una historia contada por nosotros mismos y no por el que eternamente envidió nuestro poderío de tiempos antiguos; una historia sin ideologías e intereses políticos, que sólo buscan conflicto porque es el combustible de sus ansias de poder; una sin izquierdas y derechas ridículas que buscan interpretar los eventos y personajes del pasado desde sus doctrinas actuales; una que no sea negra ni rosa, pero sí veraz y sensata.

Necesitamos contarnos una historia común porque durante trescientos años juntos fuimos imperio, una historia sin odios porque éstos se vuelcan contra nosotros mismos, una que no tema hablar de los valores fundamentales y fundacionales del mundo hispano por temor a recibir etiquetas políticas, y que no dude al señalar las faltas que también fueron cometidas.

Necesitamos un pasado que tenga futuro. Por eso te quiero contar una historia diferente de lo que España hizo en América al día siguiente de la conquista.

UNA PREGUNTA ONTOLÓGICAMENTE IMPOSIBLE

¿Cómo sería México si no nos hubieran conquistado los españoles? Esa pregunta ronda en la mente de cada mexicano como parte misma de su esencia; se introyecta a los niños en el sistema educativo, se cuestiona en las escuelas, se discute en los debates, se transmite de generación en generación y hasta se le pregunta a la inteligencia artificial que, con cuyas respuestas, deja en claro que no es inteligente.

La variedad de respuestas es fascinante por su nivel de creatividad y evasión de la realidad. En todas sus variantes, los mexicanos seríamos más chingones. Si no nos hubieran conquistado los españoles seríamos ricos, una potencia mundial (aunque justo eso éramos cuando fuimos imperio), la piedra en el zapato de los Estados Unidos, que no se hubieran robado nuestro territorio (aunque fue nuestro porque lo exploró y colonizó España).

Todos y cada uno de los mexicanos seríamos mejores de lo que somos, tendríamos oro en nuestras casas, y en nuestras calles y en nuestras pirámides (porque obviamente seguiríamos teniendo pirámides), seríamos amos y señores de América porque la habríamos conquistado en su totalidad (aunque de hecho así fue durante trescientos años), seríamos místicos y con conocimientos hoy perdidos que ningún español habría alcanzado a comprender (aunque los frailes españoles se dedicaron justamente a escribir los conocimientos de los pueblos indios).

Habríamos cruzado el océano y conquistado Europa (porque no está mal conquistar, sino que los conquistados seamos nosotros), y desde luego ya habríamos ganado la Copa Mundial de futbol, la cual perdemos, valga la redundancia, por la mentalidad perdedora que nos dejaron los españoles que ya la ganaron, tras anotar todos los tiros penales, que, evidentemente, nunca fallaríamos, básicamente porque seríamos los más chingones.

Pero sí llegaron los españoles…, y toda esa grandeza y futuro nos fue arrebatado arteramente de un solo golpe. Quiso la casualidad y la mala suerte que nos tocara ser víctimas de la peor de todas las injusticias de la historia. Si por lo menos hubieran llegado los ingleses. Todo habría sido distinto…, pero yo seguiría siendo yo, tendría una historia diferente, un pasado diferente, una visión de la vida completamente diferente y hablaría inglés, pero sería yo. Sería de hecho una mejor versión de mí mismo.

Pero sí llegaron los españoles y ahí está la causa de mi propia mediocridad. Si el malhadado de Hernán Cortés se hubiera quedado a terminar la universidad en vez de atravesar el océano, yo existiría, como por arte de magia, evidentemente, y sería un empresario rico y exitoso, que hablaría inglés o náhuatl, con una mina de oro, porque no se lo habrían robado esos desgraciados españoles.

Si todo hubiera sido distinto, yo seguiría existiendo, sin importar lo que digan los aguafiestas de la lógica y la razón, y sería mejor de lo que soy. Pero soy una persona común y corriente, y eso sólo puede ser culpa de Cortés, de la Malinche, de la conquista, de España, del imperialismo, del patriarcado, de la Iglesia y de Dios; porque la única otra opción posible es que todo lo que pasa en mi vida sea mi responsabilidad, y jamás aceptaré una versión que me lleve a hacerme cargo de mí mismo. Que se disculpe el rey y todo cambiará.

Pero lo más interesante, profundo y metafísico de la pregunta en cuestión, es su imposibilidad ontológica. ¿Cómo sería México si no nos hubieran conquistado los españoles?, es decir, ¿cómo sería México, si aquello que lo hizo ser, nunca hubiera sido? ¿Cómo sería yo si mis padres no se hubieran encontrado?

La trampa del hubiera nos destruye, nos llena de odio contra nosotros mismos y nos hace vivir en la más profunda negación de la realidad. ¿Cómo sería todo si todo hubiera sido distinto? Una pregunta que sólo puede venir de un profundo, aunque fútil, ejercicio filosófico, o de una perturbación esquizofrénica.

Lo maravilloso de tan paradójica pregunta es que permite cualquier respuesta, siempre favorable a nosotros, porque el único límite es la imaginación. Pero una vez que estableces en tu mente que todo sería mejor si todo hubiera sido distinto, acabas de entregar todo tu poder a ese poderoso al que dejas contar tu historia. Acabas de renunciar porque has establecido que eres una víctima cuyo problema no tiene solución. Todo es culpa de la historia. ¡Ay!, si todo hubiera sido diferente.

Me parece que no existe en España la contraparte de la pregunta, algo del tipo "¿cómo sería España si no hubiera tenido la osadía de dar la vuelta al mundo y establecerse en América?", pregunta tan ontológicamente imposible como la mexicana. No existe la cuestión, pero sí los lamentos, ¡desgraciados de nosotros que conquistamos América! Caiga la ignominia sobre nosotros por los pecados de los padres.

Lamentamos juntos un acontecimiento sin el cual no habría ni España ni México. Es decir, lamentamos existir. Los anglosajones que escriben las versiones torcidas de nuestra historia pueden estar de plácemes. Han triunfado.

Es curioso, nunca nos hacemos la pregunta, que sería desde luego igual de tramposa, ¿qué hubiera pasado si no hubiese caído el imperio español?, pero a nadie le ha ido mejor desde el divorcio. Ni a España, ni a alguno de los países americanos nacidos de esa terrible guerra de secesión española a la que llamamos independencias, le ha ido mejor desde la fractura del imperio.

No se pretende o promueve ningún tipo de reunificación que de momento es además imposible, pero sí una profunda reflexión que nos permita vislumbrar que quizás pudimos ser engañados en algún momento del pasado. ¿Nos mentirían los ingleses tan sólo para dominarnos? Una vez reflexionado ese pasado podríamos comenzar a reconstruir puentes por encima del Atlántico.

En Hispanoamérica nos encanta mentar madres en honor a la libertad, y recordar el día glorioso en que rompimos las cadenas de la esclavitud (prohibida en 1504, 1512 y 1542) y nos liberamos del yugo español que nos impedía progresar (aunque éramos juntos la parte más civilizada y próspera del planeta, donde el jornal de un labriego humilde alcanzaba para comprar carne todos los días). Doscientos años después no hemos progresado, ni somos libres, ni hemos roto las cadenas de la esclavitud mental…, ni se come carne a diario.

Básicamente celebramos un acontecimiento a partir del cual todo ha ido para peor. Colmo de colmos, seguramente por una mezcla de culpa y diplomacia, en España hay monumentos a Simón Bolívar, el hombre que destruyó el imperio, fue dictador ahí donde pudo, y sumió a América en una guerra civil que no ha terminado. Lo más terrible, él lo supo al final de sus días: "He trabajado para los ingleses, América volverá a un estado de barbarie, he arado en el mar. Nadie se dignará a reconquistarnos". Así resumió el libertador nuestra libertad.

Eso sí, aunque hayan pasado ya más de dos siglos del glorioso momento de nuestra emancipación, todo lo malo y decadente que ocurra en los países americanos, sigue siendo culpa de España, no de doscientos años de malas decisiones. Así el poder de las narrativas.

EL ENCUENTRO CON AMÉRICA: DE DESCUBRIMIENTO A GENOCIDIO

¿Cómo era América antes de que fuera descubierta por España? Sin tener esas claridades es imposible repensar la historia, y por eso es vital discurrir y profundizar en el descubrimiento de América.

Pero España no descubrió América, vuelven a decir las historias que nos contamos en contra de nosotros mismos. En México para seguir sacando nuestra rabia, convencidos como estamos de que todo vituperio a España es gloria nuestra; y en España quizás como penitencia o flagelo, por culpa y vergüenza. Si la llegada a América fue el peor genocidio de la historia de la barbarie, el acontecimiento más desventurado del periplo humano, más valdría acogernos a las versiones narrativas actuales que buscan arrebatar el mérito.

Durante siglos se llamó descubrimiento de América al acontecimiento histórico protagonizado por Cristóbal Colón y los reyes católicos. Pero las voces de los despiertos e iluminados paladines de la humanidad, esos que fueron descubriendo que todo es ofensivo, comenzaron a vociferar en 1992 que eso fue un genocidio, una masacre, una invasión, una destrucción de la que nada bueno pudo haber surgido..., aunque todos los que claman dichas voces no existirían sin el acontecimiento al que repudian, y a pesar de que de ahí surgimos nosotros. Es como ir por la vida pregonando que nada bueno pudo haber nacido de tus padres.

¿América fue descubierta, conquistada, invadida, colonizada? ¿Hay un encuentro de dos mundos? ¿Hay un genocidio? ¿Se destruye una civilización? ¿Es una tragedia?

América no fue descubierta por España, antes que Colón ya habían llegado los vikingos, los chinos, los africanos, las tribus perdidas de Israel, y ya entrados en gastos, los atlantes y los alienígenas. Por encima de todo argumento, no hay uno que parezca más poderoso que zanjar la discusión diciendo que América no fue descubierta, pues ya había grupos humanos viviendo ahí.

América fue descubierta hace cuarenta mil años por el Hombre de Cromañón en su migrar por el mundo, porque hasta el Cromañón es más inteligente que los españoles. Además, no hacía falta que nadie llegara, pues aquí ya existía la civilización, miles de años más adelantada que la europea, a pesar de que las condiciones históricas y geográficas no permitan el desarrollo de tal perfección.

Los atlantes no existen, los alienígenas no construyeron Teotihuacan (ni Egipto), y las tribus de Israel en América son un delirio religioso del siglo XIX. Los chinos quizás llegaron un siglo antes en los viajes de Zheng He en el siglo XV, aunque nada lo atestigua; algunos africanos pudieron haber llegado hace algunos miles de años, al igual que los polinesios, llevados por corrientes marítimas, y los vikingos sin duda arribaron a Terranova en el siglo x guiados por Leif Erikson.

¿Cuál es entonces la gloria de España? ¿Hay mérito en hacer en el siglo xv lo que tribus nómadas del mar realizaron hace miles de años por pura casualidad?

Lo primero por decir es algo que puede parecer extraño, pero es una verdad indubitable. América era desconocida por sus propios habitantes. Es decir, en el momento del contacto, no existía en ninguna civilización conciencia del continente que habitaban ni un nombre para la totalidad del territorio, cuyo tamaño y ubicación eran absolutamente desconocidos por sus habitantes, que nada sabían del planeta, su tamaño y su redondez.

Los europeos ya se habían dado nombre a sí mismos y a su pedazo del continente; ya estaban nombradas Asia y África y existía por lo tanto la noción de esas divisiones territoriales, geográficas y culturales. Nadie en América nombraba la totalidad de su pedazo de tierra ni lo conocía.

Anáhuac sólo hacía referencia a lo que hoy es el centro de México, al igual que Tahuantinsuyo, las cuatro regiones del mundo, se refería sólo a la cordillera de los Andes. No existía una identidad territorial ni un nombre para referirse como iguales a todos los habitantes, ni había una religión, cosmovisión o cultura común que los uniera o identificara, y les hiciera pensar que, en esencia, eran todos iguales.

¿Llegaron africanos y polinesios? Es muy probable, hace miles de años, conducidos por la incertidumbre y el azar en medio de la gran migración del Homo Sapiens para poblar el planeta. Junto con las tribus que llegan por Bering, son parte del origen de los hoy mal llamados pueblos originarios. No existen los pueblos originarios, todo asentamiento humano llegó alguna vez de otro lado a donde está hoy. Bajo el argumento de regresar tierras a pueblos originarios, todos los habitantes del planeta tendríamos que dejar hoy el lugar donde vivimos para regresárselo a personas que hoy ya no existen.

¿Llegaron los chinos? Quizás por error y nunca volvieron. Y quizás no llegaron nunca. Llegaron los vikingos en sus eternos viajes de exploración y saqueo, llegaron por prueba y error, y ante la imposibilidad de saqueo a falta de civilización, no volvieron nunca. Nadie en Europa supo que llegaron, y ellos mismos lo olvidaron al paso de muy poco tiempo.

España estaba buscando. Esa es la primera y principal diferencia. No buscaba un mundo nuevo, sino nuevas rutas comerciales, pero buscaba y encontró. España hizo tornaviaje, esa es la principalísima distinción con todos los demás ejemplos con los que se quiera arrebatar gloria al acontecimiento más importante de la historia humana.

Tornaviaje. España tuvo pronta conciencia de llegar a un mundo desconocido. Se quedó, lo exploró, y organizó un viaje de ida y vuelta que ya nunca se detuvo y dio origen y forma al mundo moderno. Tornaviaje. España se quedó y construyó, estableció rutas e hizo comercio, dio la vuelta al mundo y lo globalizó. España descubrió y dio forma a algo que nadie sabía que existía, y lo nombró las Indias. Luego, los que nunca llegaron, le llamaron América.

América fue descubierta por España, y se la descubrió incluso a sus propios habitantes, que por primera vez conocieron su ubicación geográfica en un mundo que desconocían por completo, y del que hasta ese momento no formaban parte. ¿Fue conquistada? No. Conquistadas fueron Tenochtitlan y Cuzco, por ejércitos indígenas, por cierto; y tras la caída de las dos capitales de imperios que no eran imperios y que se desconocían mutuamente, se comenzó a construir algo completamente nuevo. No fue invadida porque para invadir hacen falta ejércitos y jamás llegó uno de España a América.

Sin duda alguna América fue colonizada. No sólo por españoles; con ellos llegaron hombres y mujeres de toda Europa, ya desde la expedición de Cortés había africanos, italianos y griegos; y también fue colonizada por tlaxcaltecas, que pasaron de vivir en un enclave diminuto rodeado de enemigos, a poblar el norte del actual México, Centroamérica y las Filipinas.

¿Hay un encuentro de dos mundos? Sin duda lo hubo. Dos mundos distintos y distantes cuyos destinos quedaron marcados desde antes de que existiera la especie humana, cuando hace unos quinientos millones de años la deriva continental le dio forma a nuestro planeta y dejó a América aislada del resto del mundo. Cuando cientos de millones de años después, ya con seres humanos deambulando por un planeta en la era de hielo, algunos cruzaron el estrecho de Bering, su destino estaba marcado. Su evolución tomaría derroteros completamente diferentes, sería mucho más lenta, y tendría muchas menos probabilidades de desarrollo.

Se encontraron dos mundos y la convergencia fue violenta. Eso no es la historia de España y América, sino la de la humanidad. Temerosos como somos los humanos, nuestros encuentros siempre han sido agresivos, han sido más bien colisiones. Pero nos encontramos, pues una parte de la humanidad se había quedado aislada de todo lo demás cuando al final de la glaciación los mares subieron y dieron forma a los actuales continentes. El encuentro era inevitable.

¿Genocidio? Es la más abstrusa, ridícula y sesgada palabra que se pueda usar para definir los hechos, pero una vez más es la idea de reducir al máximo simplismo un proceso complejo. Es la palabra que más rabia genera en México y más culpa produce en España. Genocidio es acabar con un pueblo. Más aún, es hacerlo de forma deliberada, y para empeorar las cosas, se hace porque se odia a dicho pueblo. Es lo que Hitler intentó con los judíos.

En 1492 Cristobal Colón llegó al Caribe, que no a América, y dos años después ya hay aventureros establecidos y un flujo constante de ida y vuelta. Los primeros diez años fueron confusos y difíciles, y en efecto se llevó a cabo todo tipo de tropelías, seguramente encabezadas por el mismísimo Colón, cuya visión del viaje era completamente mercantilista.

Nadie estaba preparado para encontrar el Nuevo Mundo, no había forma de que la naciente España lo estuviera ni mucho menos sus monarcas. Los aventureros y exploradores se apropiaron de las Islas Remotísimas, y, guiados por avaricia y leyendas de tesoros ignotos, fueron devastadores. Nadie podía comprender bien lo que estaba pasando, pero al poco tiempo y con la asesoría correcta, Isabel I comenzó a hacerlo. Colón regresó encadenado de su tercer viaje al Nuevo Mundo, perdió sus privilegios y concesiones, incluso se le negó tocar tierra en Santo Domingo en su cuarto y último viaje.

A partir de entonces comprendieron los monarcas de la naciente España que esas nuevas tierras no podían ser dejadas al libre arbitrio de los aventureros, ni en manos de una dinastía como pretendía la familia Colón. Hubo gobernadores, el hijo del almirante fue nombrado virrey y finalmente destituido, y con más tiempo y experiencia se optó por establecer una junta de frailes jerónimos para poner en orden a los trotamundos del Caribe.

La decisión final fue crear virreinatos, nunca colonias. No es la visión de una España que conquista tierras ajenas para ser esquilmadas por su industria, como el verdadero imperialismo en el siglo XIX; es la visión de una España que crece y se extiende para alcanzar los confines del globo a los que está migrando su propio pueblo. No es mandar aventureros a hacer desmanes por el mundo, sino enviar a toda una estructura de administradores, juristas y religiosos, precisamente, para que no lo hagan.

Antes de morir en 1504, Isabel I realizó una declaración que más que orden era un deseo: cásense españoles con indias e indios con españolas. Declaró también que los habitantes de ese Nuevo Mundo eran sus súbditos y con ese respeto debían de ser tratados. En las Leyes de Burgos de 1512 se estableció con claridad absoluta: se prohíbe la esclavitud de los habitantes de América. Los nativos son hombres, libres, racionales y con derechos de propiedad sobre sus tierras y casas; no podían ser explotados ni castigados.

Es importante recordar que para ese momento nadie ha llegado aún al continente y por lo tanto no se conocen sus ciudades, civilizaciones y riquezas. En ese año, un Hernán Cortés que salió de Sanlúcar de Barrameda en 1504, a los dieciocho años, para establecerse en Santo Domingo, está llegando a Cuba como parte de la primera expedición colonizadora.[10]

Cortés había visto la devastación que sus compatriotas generaron en Santo Domingo e intentó siempre un acercamiento distinto: comprender a los nativos, hablar su lengua, aprender a entenderse con ellos y establecerse como sus vecinos. Funcionó en las islas y fue su gran proyecto cuando tocó la tierra de lo que hoy es México, y que entonces, desde luego, no existía.

Para 1537, la bula papal *Sublimus Deus* de Pablo III proclama que esclavizar a los nativos de América era ilegal y pecaminoso. No pueden ser privados de libertad y propiedades. Ese mismo espíritu se recogió en las Leyes Nuevas formadas por Carlos I en 1542; y por si todo lo anterior no quedaba claro, el propio rey de España y emperador germánico detuvo todo entre 1550 y 1551 para revisar a profundidad lo que estaba ocurriendo con este encuentro de mundos. No hubo esclavitud indígena en América.

Pero con los aventureros y exploradores, desde los ilustrados como Hernán Cortés, hasta los salvajes como Pedro de Alvarado, llegó inevitablemente la viruela, según

[10] La vida y obra de Hernán Cortés, mucho más allá de los dos años que dedicó a la aventura que llamamos conquista, se puede encontrar en mi biografía *Hernán Cortés. Encuentro y conquista*, Grijalbo, 2020.

se cuenta, con algún esclavo arribado en la expedición de Pánfilo de Narváez en 1519. Los organismos de los americanos no pudieron hacer nada contra una enfermedad nueva para ellos, y comenzaron a perecer de la misma forma que los españoles caían víctimas de una sífilis desconocida para ellos.

En México nos gustan mucho los cuentos de hadas, y hay uno que nos repetimos de generación en generación hasta convertirlo en verdad, una de tal magnitud que hoy también en España replican; aquí todo era perfecto hasta que llegaron los españoles. No había maldad, malicia o corrupción alguna, no había enfermedades, no había caries en las muelas y si te caías de una gran altura no te rompías la pierna..., pero llegaron los desdichados y calamitosos españoles y trajeron con ellos el mal, la corrupción, los virus y bacterias y hasta la gravedad.

Nos encanta pensar que América no era parte del mundo y que los indios americanos no eran seres humanos. Había enfermedades, como la sífilis, que comenzó a recorrer el mundo; maldad, como esa que es necesaria para matar personas extrayendo su corazón para luego comerlo, y corrupción o malicia, como la que hubo en Cuitláhuac cuando organizó el golpe de Estado y asesinato de su medio hermano Moctezuma, aprovechando la confusión generada por la presencia de Cortés y su gente.

Llegó la viruela y los nativos comenzaron a morir. La respuesta de Cortés fue fundar el primer hospital de América que, por cierto, hoy sigue funcionando, el Hospital de Jesús, en 1524. Nadie hace hospitales para curar al pueblo al que supuestamente quiere masacrar en un genocidio. La iniciativa de Cortés tuvo eco y toda la América española se llenó de hospitales, que eran dotados y sufragados por la Corona.

Las gramáticas son otro maravilloso ejemplo. En 1492 Antonio de Nebrija presentó a Isabel la Católica un ejemplar de su *Gramática de la lengua castellana*, la primera escrita de una lengua moderna. Después tuvieron gramática el náhuatl, el quechua y el maya, siempre desarrollada por el intenso trabajo intelectual de los frailes españoles. No se desarrolla la gramática de las lenguas de los pueblos a los que se busca exterminar; se elaboran gramáticas de las lenguas de los pueblos con los que te quieres entender.

La viruela mató a mucha gente, pero no fueron los españoles. Es como querer cobrarle a Mongolia la epidemia de peste negra que asoló a Europa en el siglo XIV y mató a la mitad de su población. La población nativa comenzó a morir, y los recién llegados hicieron hospitales. No hay genocidio.

¡Pero la viruela no habría llegado sin los españoles! Claro, ni la peste sin los mongoles, ni la extinción de los dinosaurios sin el meteorito de Chicxulub. Hubiera llegado cien años después con los añorados ingleses, que no habrían construido hospitales.

No hay genocidio porque no se exterminó un pueblo o pueblos, que existen en la actualidad como máxima evidencia; no lo hay porque nunca fue la intención de los colonizadores provocar esas muertes; y no lo hay porque la motivación no fue el odio hacia esos pueblos. Lo que hay es la historia bacteriológica de la humanidad.

El mejor dato, y el que más se oculta en México, es que en 1821, cuando se consuma la separación de la vieja y la Nueva España, la población del naciente país era de unos seis millones de habitantes, de los cuales unos cuatro millones eran indígenas, ¡sesenta por ciento de la población!, personas que, en su mayoría, no hablaban español. Esto sólo nos indica que, durante el Virreinato, no se aniquiló a un pueblo y no se impuso la lengua.

Pero cien años después de la Independencia, en un México de catorce millones de habitantes que atravesaron una revolución, la población indígena es del diez por ciento y sus lenguas hoy se están perdiendo. ¿Cuándo ocurrió la gran masacre cultural contra las culturas mesoamericanas? En el México independiente. Esta es la realidad siendo aplastada por las narrativas.

¿Murió una civilización? Sin duda. Las diversas culturas mesoamericanas que venían desarrollándose desde el segundo milenio antes de la era cristiana, llegaron a su fin…, o a su transformación más vertiginosa; porque así como en la historia nada sale de la nada, nada tampoco desaparece de pronto. Igual que la materia y la energía, las civilizaciones no se destruyen, se transforman.

Sí, todo el devenir de Mesoamérica, que comenzó con los olmecas en el 1500 a.C., llegó a su auge con Teotihuacán en el año 400, y estaba dominada y sometida por los mexicas para 1519, llegó a su fin. Las culturas nacen, crecen, se desarrollan, se conquistan unas a otras e influyen otras sobre unas, caen, se transforman y son parte de algo nuevo. Ese algo nuevo es cada país hispanoamericano que se lamenta de la conquista al tiempo que están orgullosos de todo eso que son y que tienen y que no tendrían sin la llegada de España y ese evento fundacional mal denominado conquista.

No fue una tragedia. Fue la historia. Que Irán se disculpe con Grecia por las guerras médicas y que los griegos devuelvan las disculpas a Irán por las conquistas de Alejandro. Que los judíos se disculpen por llegar a un Medio Oriente habitado, que los árabes se disculpen por salir de Arabia y crear los países árabes de hoy, y con España desde luego; que Italia se disculpe con media Europa por las invasiones romanas y que Alemania se disculpe con Italia por las invasiones bárbaras. Que Irak y Siria se disculpen con Israel por lo de Nabucodonosor.

Que Dinamarca se disculpe con Inglaterra por crear esta con las incursiones normandas, los ingleses con Estados Unidos por crear Estados Unidos, y los turcos a ver con quién por conquistar Constantinopla. Que todos los pueblos eslavos se disculpen por llegar a una Europa oriental que era imperio bizantino, Kazajstán por las invasiones de los hunos y Mongolia por Gengis Khan. Que Kenia y Tanzania se disculpen con todo el planeta por las invasiones del Homo Sapiens.

Sí que podrían disculparse, pero no lo hacen, Inglaterra con China, India y la mitad de África; Francia con Vietnam y la otra mitad de África, Bélgica con el Congo, o Estados Unidos con medio planeta. Ninguno de ellos construyó una civilización.

UNA MARAÑA HISTÓRICA QUE CUESTIONA LA LIBERTAD

Hablando de sinsentidos y misterios inescrutables de la historia; pareciera no haber caso más peliagudo que la llegada de España a América. No es sólo que los españoles encontraran lo que para ellos era un mundo nuevo; está también el hecho de que en los primeros cien años lo colonizaron y poblaron, construyeron una red de ciudades, hospitales, universidades y acueductos...; todo ello cien años antes de que fueran capaces de llegar los ingleses o franceses, y eso que, gracias a los españoles, tenían mapas.

No es sólo eso; sino que, como parte del mismo proceso, y sin que fuera su intención de origen, fueron los primeros en dar la vuelta al mundo y establecer una red mundial de comercio. Todo lo anterior requiere de recursos económicos, científicos, tecnológicos y hasta filosóficos, que evidentemente los españoles poseían.

No basta con saber que la Tierra es redonda, porque es redonda, sino conocer su diámetro, saber medir las distancias, guiarse por líneas imaginarias en mapas, saber matemáticas y geometría, construir herramientas de navegación, comenzando por barcos capaces de tal proeza, y llenarlos de marineros con audacia y valor. Y en cada lugar al que se llega construir templos barrocos y clásicos, cúpulas y bóvedas, hacer cálculos súper precisos para construir acueductos, encontrar vetas mineras y saber trabajarlas, hacer mapas de la tierra y de los cielos, cartografiar el planeta.

¿Cómo es posible que el país más atrasado, medieval e ignorante lograra las más grandes proezas de su tiempo? Porque parte de esta terrible historia es justo eso; y esa es otra pregunta muy mexicana y tristemente cada vez más española, ¿cómo lograron tantas cosas los españoles si eran tan atrasados?

Pero qué talentosos son franceses o ingleses con esto del mercadeo histórico, y qué malos resultamos en ello los hispanohablantes. Llego un siglo después que tú, pero te convenzo de que yo soy el inteligente, saqueo y robo en África mientras señalo que fuiste tú en América; mato a los nativos de mis colonias británicas al tiempo que te acuso de genocidio; les doy mantas con viruela y digo que fue tu idea; tengo escuadras de piratas para robar el fruto de tu trabajo y establezco la versión de que no trabajas.

Lo grave es nuevamente el poder de las narrativas por encima de la realidad. Lo único lógico es que el pueblo y el país que desarrolla las más grandes proezas de una época es evidentemente el más capaz y preparado de dicha época; de lo contrario otros lo habrían logrado. Pero se juega con la misma paradoja e incongruencia de la conquista en la que cuatrocientos barbajanes harapientos sacados de presidios conquistaron a las más grandes y avanzadas culturas de millones de habitantes. Es imposible, sin embargo, no dejamos de contarlo.

Nuestro maravilloso Diego Rivera nos dijo que Hernán Cortés era deforme, jorobado, sifilítico y contrahecho, y lo pinta con una poco saludable tez verde. Esa patología vengativa a la que llamamos nacionalismo, y en México nacionalismo revolucionario, nos hace pensar que el máximo vituperio y agravio contra el enemigo nos enaltece; cuando por lo menos este caso cabría preguntarse si así, disforme, enfermo y grotesco "nos" conquistó, qué gracia de Dios que no llegó sano y en forma. Más nos valdría decir que medía tres metros y echaba fuego por los ojos…, aunque en México nos contamos la historia de que los sabios mexicas los confundieron con dioses.

¿Por qué Europa llega a América y no es América la que llega a Europa? ¿Por qué llegan los castellanos y no otro reino europeo? La respuesta es la fuerza de la historia; esa casi infinita red interconectada de causas y efectos que se vienen eslabonando desde el inicio mismo de los tiempos, y que es la marea que hace que ocurran los más importantes acontecimientos.

Nos fascina creer en la libertad, malentendida como nuestra capacidad de cambiar al mundo con nuestra elección y acción individual, cuando en realidad es cambiar nuestra mente, nuestra forma de ver un mundo que es como es, y que no va a ser diferente por nuestra libertad. Es imposible controlar la cantidad de variables que generan los cambios de la historia.

¿Por qué existe España? Fue la voluntad o la decisión de alguien o quizás fue una suma de voluntades de muchas personas que actuaban según sus personales convicciones y posibilidades, guiadas normalmente por lo más profundo de su ego, y que probablemente nunca supieron que estaban construyendo España. Así con México.

¿Dónde podríamos comenzar a contar la historia de esa voluntad? No podríamos hacerlo entre celtas, iberos y celtíberos, que llegaron a esa Iberia en los miles antes de Cristo, más guiados por azar que por voluntad, y que en definitiva no están construyendo España. Sin embargo, son fundamentales para que exista.

Llegaron fenicios por los azares turbulentos del levante mediterráneo en el primer milenio antes de Cristo. Llegaron griegos en migraciones comerciales y latinos guiados por ansia de poder, fama, gloria y fortuna; ambos son fundamentales para que exista España, pero ninguno pensaba en eso, y ninguno hubiera llegado allí si los pueblos indoeuropeos, de los que son parte, no hubieran comenzado a abandonar el Cáucaso en torno al 1500 a.C., a causa de la domesticación del caballo. ¿Quién tomó esas decisiones libres?

Roma es fundamental en la historia de España y, por añadidura, de América. Es la base de su urbanización, su estructura social, su arquitectura; y de las dos cosas más importantes para construir y definir un pueblo: su lengua, que se convierte en el vehículo para construir cultura y transmitirla de generación en generación; y su visión religiosa, base de los valores fundadores.

Pero ¿por qué Roma conquistó la Iberia y construyó en ella la Hispania? Es tentador pensar que fue por la libertad de elección de Julio César, que, como buen poderoso, casi nunca elige libremente, sino guiado por sus pasiones, pero la verdad es que todo en la república romana, por sus actuares de los últimos siete siglos, los conducía a la expansión territorial, a la guerra civil y a transformarse en imperio.

Roma estuvo ahí haciendo a España, pero nunca pensó en eso ni fue su voluntad. La prédica cristiana llegó también para hacer su parte; y ahí podríamos perdernos en una eterna red de causas sin las cuales no habría España; que es lo que es porque es católica, religión que existe porque existió Roma desde luego, pero porque existieron Jesús y los apóstoles, que existen por una docena de linajes que se pierden en la Biblia y que da igual si son históricos o simbólicos.

No habría España sin Jesús (sin él no hay cristianismo) y no habría Jesús sin rey David (sin el cual no habría ni España, ni México), y el cristianismo nace en un contexto derivado de la historia judía que se eslabona desde el cautiverio en Babilonia y la posterior liberación por parte de los persas. Así es que sin Ciro el Grande, rey de Persia, rey del mundo y rey de los cuatro rincones de la tierra, tampoco existiríamos.

Poco importa aquí incluso si los personajes mentados son reales o míticos, pues la mitología tiende a influir en los colectivos humanos mucho más que las verdades racionales; desde la Antigüedad hasta hoy. Lo relevante es comprender a qué nivel está todo interconectado con todo, dejando claro que la historia es lo que es, y no habría podido ser diferente. La realidad no tiene que gustarte, pero es de sabios asumirla.

Esa es la fuerza de la historia, esa es la infinita red. España nace en guerra santa contra el islam con lo que no existiría sin el profeta Mahoma, y sin las condiciones de los imperios persa y romano de Oriente que permitieron la expansión de los árabes. Podemos pensar en la voluntad de Pelayo,[11] haya existido o no, pero esa fuerza iba a estar en alguno de los caballeros cristianos que huyen de la invasión musulmana. Sin Pelayo se habría dado una reconquista cristiana, así como sin Lutero se habría fragmentado igual la cristiandad; todas las condiciones estaban dadas.

Pelayo no construía España como tampoco lo hacían los reyes de León y de Castilla a lo largo de siglos, no con esa conciencia y voluntad. Las Navas de Tolosa[12] fue una victoria de la cristiandad y no de los españoles; la reconquista era religiosa y no política; y más o menos en la misma fecha de esa icónica batalla, una familia se hacía poderosa en un cantón suizo, una familia que no estaría ahí si los pueblos germánicos no hubieran sido empujados por los hunos, que no se habrían movilizado sin los ataques del imperio chino.

Sin embargo, ahí están los Habsburgo, sin poder siquiera imaginar que un día reinarían en una España que aún

---

[11] Pelayo es un personaje semilegendario de los orígenes de España; quizás fue un noble plebeyo visigodo que en el siglo VIII organiza la resistencia cristiana contra el avance del islam. Sería el fundador del reino de Asturias, que, a su vez, es el reino que simboliza el inicio de la llamada reconquista, el proceso de guerra santa en que se forma España.

[12] En 1212, la batalla de las Navas de Tolosa, al sur de España, enfrenta, según las leyendas, a treinta mil cristianos de todos los reinos de la península ibérica contra cien mil guerreros musulmanes. Es la victoria más importante antes de la caída de Granada en 1492.

no existía, y que en su futuro imperio jamás se pondría el sol. Esa es la red infinita que mueve la fuerza de la historia. El papa Inocencio III no pensaba en España, pero sin su ayuda no hubiera habido victoria en las Navas de Tolosa, y él no hubiera sido papa sin una historia de amor fallido en su juventud; su exnovia tampoco pensaba en España.

No hay personaje más brillante sobre el cual podamos dejar caer la voluntad de ser de España que Isabel la Católica. Quizás ella sí pensaba en España, pero no fue su idea. Isabel es la heredera de siglos de tradición, historia y leyenda, hija de Roma, de la Edad Media y de una reconquista que aún no recibía ese nombre; y aunque por su voluntad y tenacidad tomó Granada, el momento más importante y decisivo de toda su historia tiene que ver con que los azares del destino pusieron frente a ella a un aventurero misterioso del que nunca sabremos bien quién fue ni qué buscaba, ni cómo convenció a la reina. Pero sin él, incluso si tiene todos los defectos que hoy se le atribuyen, no existiría ningún país de habla hispana.

Isabel eligió apoyar a Colón. Quizás ahí sí podamos ver el milagro de la libertad en toda su gloria; y más que una elección libre, ese momento parece más una epifanía, una iluminación espontánea. No había ninguna buena razón lógica para creer en el almirante, lo habían rechazado en varias cortes, los sabios de Salamanca no lo recomendaron, sus datos del tamaño del globo eran incorrectos y posiblemente eran deliberadamente falsos. Pero Isabel dijo sí y aquí estamos todos.

¿Por qué existe México? ¿Dónde podríamos comenzar a contar la historia de esa voluntad? No existiría sin toda la historia ya contada, evidentemente, y tampoco sin una serie de historias americanas que tendrían que remontarse al momento en que grupos de cazadores recolectores, sin la menor conciencia de lo que hacían, y sin tomar una decisión libre que no fuera seguir a su instinto, cruzaron el estrecho de Bering hace quizás treinta mil años.

El México de hoy no sería lo que es sin los olmecas, de los que nada sabemos, sin embargo, ninguno de ellos tuvo nunca a México en su mente. No existiría el país sin los toltecas, que no existirían sin la caída de Teotihuacan, que no se hubiera dado sin las migraciones de los pueblos nahuas que venían del norte, que no hubieran migrado si las condiciones climáticas de su entorno no los hubieran obligado.

México no existiría sin los mexicas y ni siquiera tendría nombre, pero ninguno de los grandes sacerdotes que guiaron la legendaria peregrinación de este pueblo pensó jamás en México. Y claro, siguiendo las versiones míticas, el corazón histórico y espiritual del país es la ciudad que no existiría si un águila y una serpiente no hubieran estado peleando a muerte en un nopal del lago de Texcoco, lo cual, evidentemente, no hicieron guiados por su libertad.

Por más que en México quiera buscarse la forma y el discurso, el país no existiría sin la llegada de España a América, y resulta que este vital acontecimiento de toda la historia humana se deriva de uno igual de sustancial: la caída de Constantinopla en manos de los turcos otomanos en 1453. Sin Mehmed II el Conquistador no hay México.

Mehmed II tomó Constantinopla básicamente por un capricho; y tras su contundente triunfo dominó el Mediterráneo oriental y cerró los puertos comerciales, vitales para acceder a las mercancías asiáticas, a los reinos cristianos enemigos como Portugal, Aragón y Castilla. Guiados por la necesidad, buscaron otras rutas para llegar a India y las Islas Molucas; los portugueses dieron la vuelta a África y los españoles dieron la vuelta al mundo.

Pero Mehmed II no actuó sólo ni guiado enteramente por su voluntad, sino como resultado de una marea que comienza cuando medio milenio antes Selyuk beg Dukag, primer patriarca de los turcos, guio a su tribu desde Asia central hasta el imperio persa. Sin Selyuk no hay México. Esa es la fuerza de la historia.

La fuerza de la historia, esa interrelación de causas y efectos que hace que, en el devenir del tiempo, como en todo, nada brote de la nada, y que están en eterno movimiento desde el inicio de la historia humana, determinó nuestro encuentro inevitable.

Hace unos ciento cincuenta mil años, días más, días menos, el Homo Sapiens, guiado más por el cambio climático que por sus decisiones, comenzó su periplo por el planeta hasta poblarlo en su totalidad. Recorría un mundo en la era de hielo, sin saberlo desde luego, con océanos más bajos y otras formas en los litorales continentales…, y así algunos cruzaron a América.

Los hielos se retiraron al norte, los niveles de los mares subieron, los contornos de la tierra dibujaron otras siluetas y América quedó aislada del resto del mundo, con el detalle de que algunos seres humanos se habían quedado ahí y no lo sabían, pues quedaron atrapados en un territorio aislado del resto de la humanidad.

Lo sorprendente para comprender esta fina red de interrelaciones es descubrir que los destinos de esas personas se habían marcado unos quinientos millones de años antes, cuando ni siquiera existía la especie, pero derivado de la tectónica de placas, el continente, después llamado americano, quedó con una orientación sur a norte que obligó a los pocos humanos a migrar en esa dirección que imposibilitó todo intercambio.

Pensemos en Eurasia para comprenderlo mejor. Esa inmensa tierra que va del Pacífico al Atlántico, de China a España, tiene una orientación este a oeste, así como una serie de cadenas montañosas que prácticamente guiaron los viajes de la humanidad. Todas las culturas y civilizaciones de ese gran mundo tuvieron siempre la posibilidad de estar conectadas entre sí, y lo estaban desde el Neolítico.

Desde España y el norte de África, pasando por el Medio Oriente y hasta la península de Corea, todas las civilizaciones se desarrollaron en la misma latitud; comparten clima, estaciones, horas de sol por día. Lo que se da de un lado se puede aclimatar del otro, sean semillas, cereales o animales. Esos humanos intercambiaron objetos y bienes comerciales, y con ellos, ideas, filosofías, revelaciones, religiones, inventos, armas y bacterias. Se hicieron la guerra y se declararon la paz, y en esa tremenda dinámica evolucionaron de manera vertiginosa.

Pero al otro lado del Mar Océano todo fue diferente. Un grupo humano llegó hasta los Andes y quedó confinado a ese rincón, al igual que confinados quedaron otros en Yucatán y otros en Mesoamérica. Cada una de esas culturas creció desconectada del resto del mundo y sin contacto entre sí mismas. La geografía obligó a una migración norte a sur donde cambia todo: distinto clima, diferentes especies poco aclimatables, cantidades distintas de horas de sol y hasta vivían en diferentes estaciones del año.

Esos pueblos no tuvieron contacto, no intercambiaron ni productos, ni ideas, no se invadieron unos a otros creando grandes imperios y no fusionaron sus saberes para engendrar nuevas civilizaciones. Era prácticamente imposible salir de la edad de piedra, y precisamente eso fue lo que encontraron los españoles al llegar.

Pero a pesar de tan grandes diferencias, y de que las posibilidades de migración e interacción eran tan disímiles, dando con ello resultados distintos, hubo algo que Mesoamérica y España tuvieron en común: en ambos casos fueron el cuenco receptor de todo lo que había en su mundo.

El movimiento humano de Eurasia fue casi siempre de este a oeste. Humanos, recursos y mercancías solían fluir de China a Roma y no al revés. Los grandes movimientos migratorios que dieron forma al viejo mundo iban siempre en dirección al oeste, a la península euroasiática hoy llamada Europa, y dentro de ella, todo llegó a Iberia.

Los pueblos indoeuropeos, los fenicios, los germanos y eslavos, los hunos, los árabes, los turcomanos y los mongoles. Todos influyeron en todos, todos tuvieron contacto, y todos dieron forma a Europa. España en particular fue el gran cuenco receptor, fuera por el norte europeo, por el Mare Nostrum o por las columnas de Hércules. Llegaron iberos y celtas, llegaron griegos, fenicios y romanos, suevos, vándalos y visigodos, árabes y bereberes. Todo se mezcló.

El español que atraviesa el Atlántico en el siglo XVI es la mezcla de toda la antigüedad. No hubo nunca antes pueblo tan mestizo.

Aunque todo es diferente en América, donde el tiempo corría más despacio, los valles centrales del Anáhuac fueron otro gran cuenco receptor de todo lo que venía del norte. A lo largo de tres milenios de civilización mesoamericana siempre llegaron migrantes del norte, y siempre fueron necesarios para dar más vida a la civilización.

Aquí hay que detenerse en otro punto fundamental. Los números estrafalarios y sinsentido son los más aceptados, y se nos dice, sin posibilidad alguna de realidad, que habría en América unas setenta millones de personas, desde el norte hasta la Patagonia en el momento del encuentro; de esa población, unos veinticinco millones estaban en la llamada Mesoamérica. No hay mayor absurdo que esas cifras, pero contribuyen en mucho a las leyendas negras.

Una civilización atrapada en medio de dos cordilleras, al este y oeste, y un nudo volcánico y selvático al sur.[13] No navegan, de hecho no llegan a los océanos en términos generales, no tienen carros o rueda y su comercio, si bien existe, está limitado por esta misma realidad. No hay caballos ni animales de tiro, ni grandes planicies donde esto sirva de algo. La base de toda construcción es la piedra y el sustento de su agricultura es la coa. No hay

[13] La zona de mayor cantidad de establecimientos humanos de la llamada Mesoamérica queda entre dos cordilleras mexicanas: la Sierra Madre Oriental y la Sierra Madre Occidental, que confluyen en el centro del país en el llamado Eje Volcánico Transversal o Nudo Volcánico, origen de una selva que llega hasta el tapón del Darién en Panamá, inexpugnable incluso en nuestros días.

forma alguna en que esto sustente a veinticinco millones de habitantes.

Vale la pena recordar, o saber, porque bien que se oculta, que, a la llegada de Cortés, la civilización maya ya había colapsado dos siglos antes. Llegaron a un Mayapán de ciudades abandonadas y pueblos en una tremenda regresión a la barbarie, que vivían en constante persecución y guerra, y que sí, era un hecho que se devoraban unos a otros, ya no como ritual religioso, sino como medio de subsistencia, igual que en el Caribe.

Pero el colapso maya no fue sino uno más de este mítico mundo; y eso es otra cosa que vale la pena comprender. Desde los orígenes de Mesoamérica en torno al 1500 a.C., hasta el encuentro con Castilla tres mil años después, la esencia del devenir de estas culturas es el colapso. Nace una ciudad, crece, llega a un tiempo de máximo auge, cae, es destruida y queda abandonada, eso en unos cientos de años. Fue el caso de Teotihuacan y Monte Albán, de Chichen Itzá y Uxmal, de Tula y Cholula.

El colapso de todo en ciclos de pocos siglos nos habla de civilizaciones que no son sustentables, donde el crecimiento demográfico es amenaza y no bendición, pues no hay alimento suficiente, y donde la antropofagia es la norma y no la excepción. Que una ciudad o templo abandonado sea retomado siglos después por otros colectivos humanos que los dejan como están, habla de retrocesos civilizatorios.

Heterogéneos grupos humanos, con distintas familias lingüísticas, ocuparon en diversos momentos los valles centrales del actual México. No todos los indígenas son iguales, no son el mismo pueblo ni la misma etnia, no comparten lengua ni religión o cosmovisión, pero de a poco se fueron integrando en Anáhuac. Olmecas, huastecos, mayas, otomíes, purépechas y nahuas habían generado ya un profundo mestizaje entre ellos cuando llegaron cuatrocientos españoles producto del más profundo mestizaje euroasiático.

Nuestro encuentro era inevitable. No hubo mala suerte histórica. Pasó lo único que podía pasar, y lamentarse por ello es de psiquiatra.

EXIGIR DISCULPAS O DAR LAS GRACIAS

Radicales como tendemos a ser los seres humanos, sobre todo ante el dominio de narrativas fundamentalistas, oscilamos de un lado al otro de un péndulo que jamás nos permite descubrir la paz y la plenitud del punto medio; ese donde, según Aristóteles, el Buda y Confucio, se encuentra la sabiduría.

Dado que no existen ni la memoria ni la conciencia colectiva a menos que sean introyectadas desde el poder, en México nos enfrentamos a la curiosidad de que el pueblo mexicano de hoy está mucho más enojado con España y la conquista de lo que estaba el de hace treinta años o un siglo.

Eso, desde luego, no tiene que ver con que hoy, más informados e ilustrados sobre tan desventurado acontecimiento y sus funestas consecuencias, hayamos despertado en un "Ya Basta" colectivo; tiene que ver con que llevamos poco más de seis años gastando el dinero de los contribuyentes en que cada mañana se nos receten dos horas de discursos de odio y se nos recuerde que debemos despreciar a los españoles. Hasta hace no mucho tiempo, promover esto desde el poder sería visto como un crimen de odio. Hoy es justicia histórica.

En España, que no ha podido evitar caer también en la órbita de influencia de los izquierdistas baratos de la posmodernidad, cuya única misión en la existencia es construir narrativas donde todo es odio, división, fragmentación y conflicto, donde todo es ofensivo, el pasado siempre fue nefasto, y todo está mal al grado de que la única solución es destruir de raíz hasta no dejar vivo nada de lo que somos; este discurso encaja perfectamente. Hay una víctima llamada México y los españoles son victimarios.

El problema de la generación progresista que ya domina la opinión pública del siglo XXI es que "construyen" todo desde la más terrible frustración, desde un profundo odio contra sí mismos que proyectan en todo y en todos los demás. Descubrimos que todos han estado mal siempre, pero nosotros despertamos, vimos la luz, y dejaremos todo en cenizas para comenzar de nuevo con nuestras ideas, que justo eran lo que la humanidad estaba necesitando.

Dado que la esencia es destruirlo todo, lo cual incluye el pasado, la historia y, por encima de todo, cualquier orgullo nacional, el discurso de ser los malos históricos de este cuento es perfecto. México vivirá siempre con rabia, negando y destruyendo lo que es, y España vivirá siempre con culpa y vergüenza, impugnando y rebatiendo toda grandeza, gloria y mérito del pasado.

Medio pueblo mexicano, el dormido que se cree despierto, clama por disculpas de la Corona; la mitad sonámbula del pueblo español piensa que las disculpas deben ser presentadas y que Hernán Cortés es el Hitler del siglo XVI, ya que, según los datos absurdos de Bartolomé de las Casas, mataba a mil indios por minuto. Ya llegaremos a fray Bartolomé.

Esta estúpida rivalidad ficticia se replica en cada país de Hispanoamérica, y entonces desde Colombia hasta Argentina se construyen discursos de despojo. De pronto hay narrativas de conquista de Venezuela, de Colombia, de Ecuador, Chile, de Argentina..., como si alguno de esos países hubiera existido en el siglo XVI, y como si alguno de ellos pudiera ser hoy sin la llegada de nuestros ancestros hace quinientos años. El enojo de Hispanoamérica con España es como la rabia mal encausada del adolescente pendenciero que reclama a sus padres por darle la vida sin haberla pedido. Básicamente, somos inmaduros.

Si hoy pueden existir países en la América hispana es porque con España llegó todo eso que hoy los hace tener cosas en común y ser un mismo pueblo: la unión en la lengua, la integración en la tradición judeocristiana y conformación política de la monarquía universal. En la América a la que llamamos latina, como parte de ese esfuerzo de desdibujar el pasado, nos encanta decir que somos hermanos, y dejamos de lado que lo que nos hermana es lo que tenemos en común, y eso es la hispanidad. Los pueblos indígenas no se conocían entre sí, y cuando lo hacían eran todo menos hermanos.

Pero radicales somos. Estamos en ambos lados del océano quienes sí conocemos la historia común que nos hace ser un mismo pueblo. Los de la América española no necesitamos disculpas y los de España saben que no tienen que darlas..., pero surgen entonces los indignados, también en las dos orillas, que revierten la reivindicación y exigen que México y toda Hispanoamérica dé las gracias.

El espíritu de la idea es "ustedes eran unos salvajes incivilizados hasta que llegamos nosotros a traer todo lo bueno que tienen". La principal trampa de esta forma de contar los procesos es, precisamente, que divide en ustedes y nosotros a lo que en esencia es lo mismo. La hispanidad no es enemiga o contraparte del indigenismo; la hispanidad ES indigenista desde su origen mismo, es mestiza, es la mezcla de todos nosotros. No es lo que España le hereda a América, sino lo que se ha construido en conjunto durante trescientos años.

Y así nos vamos del "yo nunca te necesité" al "tú no serías nada sin mí". Como novios adolescentes. Los primeros se aferran a la historia fantasiosa en la que en América había un nivel de conocimiento que sólo pudo haber llegado de Atlántida y Lemuria, con lo que las disculpas por el agravio son absolutamente necesarias, aunque jamás se repare el daño; los segundos se van al extremo contrario y vociferan que el Nuevo Mundo no era más que un hato de tribus salvajes que jamás hubieran logrado nada por sí mismas y que todo el continente debería agradecer el haber sido sacados de la barbarie y el paganismo.

Mientras mantengamos cualquiera de esas dos posturas seguiremos condenados y el enemigo seguirá siendo el triunfador. Lo que necesitamos es unión y esas dos versiones encontradas nos distancian aún más. Es una narrativa que no sirve, aunque venga de la mente y los labios de los más consabidos hispanistas.

En América había civilización, de piedra, pero civilización; avanzada pero de piedra. Así de simple. Y esto es así no porque la gente de un lado del océano sea más lista, o la del otro más lerda; es así por todas las condiciones y vicisitudes históricas y geográficas ya descritas.

Esta civilización de piedra no tenía mucho más camino para evolucionar si no llegaban fuerzas exógenas. Su historia de colapsos civilizatorios y ciudades abandonadas lo deja en claro. No había forma de salir de su estadio formativo sin intercambio de materiales, recursos e ideas; y no había forma de que una cultura como la mexica eventualmente deviniera en un Estado moderno.

La esencia del Estado es un pacto social; un acuerdo, por forzado y ficticio que sea, entre el poderoso y el gobernado. El segundo da algo, desde su sujeción hasta parte de su riqueza en forma de impuestos, a cambio de lo cual el primero también ofrece algo, primordialmente seguridad, la legitimación misma del Estado.

Los mexicas establecen un sistema cuya base es matar a los otros de diversas y creativas maneras crueles, porque extraer el corazón no era la única. El que era sacrificado a Xipe Tótec, el desollado señor de la renovación agrícola, era desollado vivo; el entregado a Tláloc, dios de la lluvia y la tormenta, era ahogado, y el inmolado a Huehuetéotl, antiquísima deidad del fuego, era quemado. De esa organización es imposible que nazca un país y se desarrolle una cultura constructiva.

Pero nuevamente es importante recordar que los mexicas no son ni Mesoamérica en su totalidad, ni la apoteosis de dicha civilización, ni encarnan a toda la cultura nahua y mucho menos son los únicos representantes de los pueblos indios.

Tres mil años de historia tuvo la civilización prehispánica, muchas ciudades imponentes y muchos tiempos de gloria; desde la pirámide circular de Cuicuilco, pasando por Teotihuacan y todos los templos mayas, por Monte Albán en el sur, Tajín en el levante y Tzintzuntzan en el poniente, hasta llegar a los últimos doscientos años, cuando una tribu nómada del norte los conquistó, los sometió, impuso a su dios y comenzó a sangrarlos a todos.

La España que llega tras construirse en siete siglos de guerra santa, recién culminada con la caída de Granada, probablemente hubiera colapsado si no llega a América, pues toda esa furia y empuje se hubiera volcado contra ellos mismos, o contra un muro musulmán en Marruecos que no hubiera sido posible derribar sin desangrar al naciente reino.

La llegada a América fue lo mejor para ambos. Los pueblos de los valles centrales de Mesoamérica se liberaron del más temible opresor que habían conocido en su historia, y los cristianos de la Hispania romana transformaron su guerra santa en un impulso que dio la vuelta al mundo. Nadie tiene algo que perdonar y no hay nada que agradecer de ningún lado, tomamos y recibimos. A lo largo del siglo XVI todos los pueblos indios participaron de la construcción y empoderamiento de la Nueva España, un reino del que eran parte esencial.

La plata mexicana se hizo moneda universal y tipo de cambio de la primera globalización, fue de hecho la primera moneda de curso legal en Estados Unidos, hasta que fue prohibida en 1857..., y ahí está su símbolo del dólar, con las dos columnas de Hércules. Era la única divisa aceptada por chinos y otomanos para hacer comercio, y se acuñaba en el Virreinato, lo cual lo convertía en capital económica de un imperio. ¿En qué relación de conquista haces rico al conquistado?

Las Filipinas fueron parte del imperio, pero fueron conquistadas desde Acapulco y por tlaxcaltecas, y de hecho estaban administradas y gobernadas desde la Ciudad de México. ¿En qué relación de conquista les das colonias a tus colonias? Derivado de ello se estableció el Galeón de Manila, la ruta comercial más importante del mundo durante dos siglos, y que enriqueció a cada rincón del imperio, pero cuyo núcleo eran las ciudades de México y Puebla, y los puertos de Acapulco y Veracruz.

En México no tendríamos barroco o neoclásico, no habría catedrales ni pueblos mágicos, ni charros y mariachis. España no tendría su opulenta Madrid, levantada con riqueza de todo un imperio precisamente para ser capital imperial. No comeríamos arroz y se habrían perdido de la tortilla de patata; no tendríamos a sor Juana o a Octavio Paz, y los exiliados de la guerra civil jamás habrían encontrado buen cobijo. Somos hermanos.

LOS DOS MUNDOS QUE SE ENCUENTRAN

El verdadero encuentro de dos mundos no se da en 1492. Ese momento representa tan sólo una singularidad, la partícula elemental que en poco tiempo tendrá una gran expansión y hará nacer todo un universo.

A partir de esa fecha y con un puñado de españoles revoloteando el Caribe y tratando de comprender qué cosa habían encontrado, comienzan los prolegómenos del momento crucial, el más importante de nuestra historia común, y bien comprendido, el encuentro más importante de la historia de la humanidad.

El 8 de noviembre de 1519, Hernán Cortés de Monroy y Pizarro Altamirano tuvo el honor de mirar a los ojos al Hueytlatoani[14] Motecuzoma Xocoyotzin. Nadie lo hacía. Quiso abrazarlo, no se lo permitieron, pues nadie lo

[14] Tlatoani, el que habla, o el orador, era el título de los primeros Señores mexicas desde 1366. Cuando comienza su poderío sobre la zona alrededor de 1427, Itzcóatl, cuarto Señor de los mexicas, elevó su rango a Hueytlatoani o Gran orador, el que habla por encima de todos.

tocaba. Ahí se encontraron dos mundos que desconocían absolutamente todo el uno sobre el otro.

Se intercambiaron regalos, el español recibió collares de diversas joyas y el mexica camisas de seda neerlandesas y un trono plegable. Los dos hablaron y doña Marina tradujo. En un gesto jamás comprendido, el Señor mexica tomó de la mano al aventurero español y lo introdujo en la ciudad. Le dio la bienvenida, le dijo que había llegado a su casa. También le mostró sus carnes y exclamó: eres hombre igual que yo. No los confundieron con dioses.

Para comprender en totalidad este acontecimiento es necesario conocer un poco mejor a los dos mundos que se encuentran, para lo cual es menester indagar en las andanzas que llevaron a ambos mundos a ser como eran en 1492.

Lo que con el tiempo llegó a ser España, y lo que a través de los siglos devino en México, tiene su momento más importante en las dos ciudades sagradas más ilustres de ambos lados del océano: Roma y Teotihuacan, por lo que, en torno a ellas y a sus significados, es que contaremos la historia.

Comenzaremos este periplo en el siglo II antes de la era cristiana. En el año 217 a.C. ocurre el primer desembarco de los romanos en la tierra que los helenos llamaron Iberia, que terminó por ser la más importante de sus provincias, y es en torno al 200 a.C. que se puede rastrear la mención más antigua de Hispania, en palabras del poeta Quinto Ennio, quien al parecer toma el término de los cartagineses, y que hasta hoy se discute qué significa.

Roma llegó a una península donde ya había colonias griegas y fenicias, así como los pueblos autóctonos; celtas, iberos y celtíberos. Roma no sólo agrega el elemento latino, esencia misma de todo lo hispano, sino que es quien termina por integrar, no siempre por la buena, a todos los pueblos. Es con Roma que comienza el mestizaje español.

Y quizás por encima de todo, Roma es la ciudad fundacional de toda una región cultural, que no continente, llamada Europa. Lo que Roma construyó y pensó, lo que escribió en su lengua, lo que reflexionó siguiendo a los griegos y la religión de origen judío que finalmente adoptó, dieron forma al viejo mundo.

Por las mismas fechas podemos encontrar los humildes orígenes de la ciudad a la que hoy llamamos Teotihuacan, pero que no sabemos cómo se llamó en realidad. Para el siglo II a.C. era una aldea que comenzaba a prosperar como centro de culto en la región; y era la frontera entre el mundo civilizado y las tierras de los bárbaros. De ese tiempo son las primeras pequeñas construcciones que llegaron a convertirse en las monumentales pirámides[15] del Sol y de la Luna, existentes ya alrededor del año 200 de la era cristiana.

Teotihuacan nació y prosperó en un mundo en el que hasta ese momento ya habían caído otras culturas. Las más antiguas se pueden rastrear hasta el año 1500 a.C.; hablamos de los primeros mayas, al sur de Yucatán, de los mixtecas en Oaxaca y de los olmecas en la zona del Golfo.

[15] En México, la academia no usa la palabra pirámide, sino basamento, y alega la diferencia con las de Egipto; una de ellas es que los basamentos no terminan en punta; otra es que eran así porque fungieron como grandes bases con escalinatas y decoraciones para elevar un templo y no como tumbas. Por términos prácticos y de comprensión general, usaré pirámides.

De esta época no hay ningún tipo de grandes templos o arquitectura monumental; eso nos dice que eran sociedades igualitarias, lo cual nos deja ver también que están apenas en el nacimiento de la civilización; pues todo pueblo civilizado, esto es, establecido en una ciudad, crea jerarquías de las cuales surgen construcciones monumentales como pirámides. La civilización en Mesoamérica nace, pues, unos tres mil años después que en Eurasia.

La mayor parte de los pueblos del centro, en una zona que no tiene contacto con los mayas, son parte de la misma familia lingüística, la otomanguea, de la que son parte los pueblos oaxaqueños, y al centro del actual México, los otomíes. Los pueblos hablantes del náhuatl, familia lingüística distinta, como toltecas, nahuas, texcocanos, acolhuas, tlaxcaltecas (con los que Cortés se encuentra), no existen aún en el escenario de la historia, no han terminado de llegar del lejano norte, del desierto de Arizona. Es apenas en tiempos del auge y caída de Teotihuacan, en torno al año 500, cuando estas tribus nómadas comienzan a establecerse. No existen los pueblos originarios.

En Teotihuacan se integraron prácticamente todos los pueblos que habitaban aquella tierra separada del mundo. La integración fue comercial y no bélica; nada indica la existencia de grandes ejércitos o magnas invasiones, pero en la llamada Ciudad de los Dioses existían barrios extranjeros de todos los pueblos de Mesoamérica. Teotihuacan es el origen del mestizaje en el Anáhuac.

Por encima de todo, esta ciudad es fundacional de toda una región cultural llamada hoy Mesoamérica, que, por aquellos tiempos, no tenía nombre (Anáhuac es un término náhuatl que aparecerá después). Lo que Teotihuacan descubrió y comprendió, lo que construyeron y lo que pensaron, su mitología y su cosmovisión, sus dioses y su idea del hombre, dieron forma a ese mundo.

Teotihuacan y Roma representan fronteras de la historia, cada una en su propia tierra marcó un antes y un después. Cada una a su propia manera creó imperio y dejó influencia religiosa, filosófica y artística; ambas sobrevivieron a sus respectivas caídas en las mentes de habitantes que siempre las verán con nostalgia.

Roma tomó de una anterior Grecia a la que conquistaron y asimilaron, mientras que Teotihuacan recibió grandes migraciones de la antigua Cuicuilco, devastada por la erupción del volcán Xitle,[16] y aprendió de los recién llegados. Estas ciudades civilizaron su mundo y lucharon contra sus propios bárbaros del norte, germanos de un lado y chichimecas del otro.

Ambas terminaron por caer. Pero como nada muere en la historia, de las cenizas de Roma, los sobrevivientes a la debacle y los pueblos invasores comenzaron sin saberlo la construcción de "algo" nuevo. Ese "algo" que llevó siglos en medio de la oscuridad y el caos, se cristaliza en Carlomagno y se llama cristiandad. Era más que una religión, era la cosmovisión universal, era filosofía, ética, estética, arte y cultura. Cristiandad fue por varios siglos el nombre de la civilización.

---

[16] Cuicuilco es una ciudad tan antigua como Roma, de aproximadamente el año 800 a.C. Llegó a su fin tras una erupción volcánica en torno al año 250. Se desconoce quién la construyó y pobló, aunque todo indica que las migraciones tras su destrucción fueron vitales para el auge de Teotihuacan. Está en el sur de la actual Ciudad de México.

De los restos quemados y saqueados de Teotihuacan, sobrevivientes otomíes y saqueadores nahuas comenzaron a tratar de construir un mundo nuevo en medio de la oscuridad que genera la caída de una metrópoli. Los hablantes del náhuatl tradujeron a su lengua la sabiduría otomí, comprendieron a su forma los mitos y cultos de la antigüedad, tomaron la visión arquitectónica y estética y comenzaron a construir la toltecáyotl o toltequidad, la gran filosofía y visión religiosa de los pueblos nahua parlantes con los que Cortés se encontró.

En Teotihuacan y en Roma se resumió, integró y sintetizó el pasado, se transformó en la semilla de lo que nacería después. En esa toltecáyotl, por cierto, como suele pasar en los politeísmos, se esconde en realidad la idea de una sola causa suprema, algo Innombrable, Eterno, Abstracto, Omnímodo y Amorfo, Trascendente e Inmanente, Todo y Nada, Infinito, origen de todo, causa incausada de todas las causas. Los tlamatinime le llaman Moyocoyatzin, el que se crea a sí mismo. A ellos no les resultó desconocido el pensamiento cristiano.[17]

Para el siglo I después de Cristo, Hispania es una próspera provincia romana y la Ciudad de los Dioses es un floreciente centro ceremonial, en la península se construyen acueductos, villas y anfiteatros, mientras en el centro de América se levantan pirámides. En el año 117, el imperio romano llega a su máxima expansión histórica, desde el

[17] Mi visión global de Teotihuacan y la toltecáyotl, junto con la historia de Mesoamérica a la llegada de los españoles, se expone en mi libro *El regreso de Quetzalcóatl. Una historia sagrada de México*, Grijalbo, 2021.

muro de Adriano en Escocia hasta el de Dura Europos en Medio Oriente, mientras que los comerciantes y embajadores teotihuacanos recorren los valles centrales y comienzan a nacer los barrios extranjeros de la gran Ciudad de los Dioses.

Roma cae en el siglo v, aunque sobrevive en forma de Iglesia católica y papado, y Teotihuacan se desmorona un siglo después, pero subsiste en la toltecáyotl y el culto supremo a Quetzalcóatl en todo el mundo nacido tras su colapso. Toda la cosmovisión de los pueblos nahuas que se desarrollan a partir del siglo VIII está tomada de la antigua ciudad.

Durante setecientos años de presencia en la Iberia transformada en Hispania, los romanos implantaron su cultura: lengua, estructura política, leyes, arte, arquitectura y religión. Todo eso fue fundamento de España, y todo cruzará el océano hasta América. Es importante comprender lo que significa aquí "todo"; por nuestra raíz española, los mexicanos somos también herederos de Aristóteles y Platón, hijos de todo el mundo grecorromano, de su arte y su estética, su filosofía y su racionalidad, sus ideas y sus leyes, así como somos el legado de la tradición judeocristiana que da forma a nuestra cosmovisión hasta el día de hoy.

Tras la caída de Roma, el mundo se sumerge en el caos por unos trescientos años. Las hordas de hunos y germanos terminaron por destruir todo su paso, los acueductos cayeron y las ciudades se despoblaron, la ley del más fuerte sustituyó a todo derecho y las grandes migraciones de pueblos del Oriente siguieron trastocando todo orden posible.

La oscuridad terminó a la llegada de Carlomagno, coronado en la Navidad del año 800 como emperador romano, tres centurias después de la caída de Roma. El emperador conquistó, pactó, avasalló e impuso el orden que permite comenzar a construir con los escombros del pasado. Pero el nuevo orden duró poco. Sólo los mandatos de Carlomagno y de su hijo Ludovico Pío que muere en 840. Ellos lograron la primera gran unificación de Europa tras el fin del imperio, pero entre ambiciones políticas e invasiones de los hombres del norte, todo volvió a la fragmentación.

En medio del caos europeo, los derroteros de la antigua Hispania fueron diferentes. Dentro del desplome imperial, uno de los pueblos germanos invasores, los visigodos, obtuvo autorización romana de colonizar el territorio, a cambio, claro, de expulsar a los otros invasores como francos, suevos y vándalos, y reconocer la autoridad romana.

Los visigodos fueron conquistando el territorio y sometiendo a los otros invasores hasta que finalmente se establecieron en Toledo; para cuando Roma cayó, ellos ya eran el orden establecido, y dado su acuerdo con Roma, se consideraron a sí mismos los legítimos sucesores imperiales. En 589 el rey Recaredo se convirtió al catolicismo junto con su corte, y con ello terminó de validarse ante la pléyade de pueblos que habitaban la Hispania y que ya tenían en común la lengua latina y la religión católica.

Pero las cosas no dejan de moverse en Eurasia y nuevos invasores no tardaron en llegar, en esta ocasión desde el desierto del sur y a través del mar; los árabes y bereberes musulmanes que en el 711 entran a la Península y dos décadas después la han sometido casi por completo.

El "casi" es muy importante. Nobles y caballeros visigodos cristianos se refugian en el norte tras las montañas y comienzan la resistencia; es donde aparece don Pelayo, exista o no porque la segunda posibilidad está latente, pero que representa el impulso de los guerreros cristianos de no doblegarse ante el invasor y, por encima de todo, de mantener su fe. Nadie sabía que comenzaba la reconquista, pero dieron un gran mito a los historiadores del siglo XIX; nadie piensa en España o en México, pero ninguno existiría sin ellos.

Nace el reino de Asturias como baluarte y plaza fuerte de la cristiandad hispánica, y se considera desde luego el legítimo sucesor de los visigodos, que eran legatarios del imperio, lo cual convierte a Asturias, y a su hijo primordial, España, en los legítimos herederos de Roma. Basta seguir la línea para comprender la implicación americana. Nuestra raíz hispana nos da un gran linaje.

Tras la invasión, saqueo y destrucción de Teotihuacan en manos de tribus nahuas del norte, el mundo se sumió en el caos por un par de siglos. Las huestes de migrantes nahuas del norte no dejaban de llegar, cada vez en grupos más grandes, el comercio se interrumpió y las ciudades fueron abandonadas.

La luz comenzó a aparecer con al auge de Tollan-Xicocotitlan, hoy conocida como Tula, ciudad satélite de Teotihuacan que comenzó a recibir migrantes de la antigua urbe y poco a poco se fue consolidando como la nueva ciudad poderosa. Para el 750 su influencia llegaba hasta Centroamérica y era la gran fortaleza del norte que hacía frente a los bárbaros chichimecas. Antes de llegar al año 1000 hay una guerra civil, y para el 1150 la ciudad ha quedado abandonada y vuelve la fragmentación.

Es importante comenzar a comprender sin idealizaciones las distancias tecnológicas. Para cuando Tula llega a su fin, el estilo gótico ya ha nacido en Europa. Implica haber construido arcos romanos por mucho tiempo hasta desarrollar el arco apuntado que da más ligereza y permite más altura; involucra también tener todo tipo de poleas que se derivan de un dominio del hierro y un complejo desarrollo de la física y las matemáticas; supone conocer el plomo y tener la capacidad de fundirlo, así como el desarrollo del vidrio para poder hacer los vitrales; e incluye, quizás por encima de todo, que cada uno de esos templos fue levantado con trabajo asalariado. Sobra decir que nadie fue sacrificado en el santuario que construyó.

Simbólicamente, la lucha de España por nacer se da entre el 711 y el 1492, desde la llegada de los musulmanes hasta su derrota total y definitiva, teniendo la cristiandad como fuerza fundacional e inspiración. Es más o menos el periodo en el que se desarrolla la cultura náhuatl en los valles centrales de Mesoamérica teniendo como fundamento la toltequidad.

En el 1212 se consuma la gran victoria de la cristiandad cuando un ejército de unos treinta mil hombres provenientes de Castilla, Aragón, Portugal, Galicia y Navarra, y también de Francia, Inglaterra, el imperio germánico y la península itálica, derrotan a un ejército musulmán que, según las leyendas, era tres veces más grande. Para ese momento ya existen catedrales como la de León Burgos y Santiago, existen Toledo y Sevilla…, y un pueblo de chamanes nómadas del norte hace su aparición en los valles de Anáhuac.

Todos los pueblos ya civilizados y establecidos los veían con horror y les decían el pueblo sin rostro. Los mexicas aparecen en el horizonte de la historia buscando un águila parada sobre un nopal devorando a una serpiente.

En su legendaria peregrinación que habría comenzado entre el 1064 y el 1111, desde algún lugar ignoto de la zona de oasis en el desierto en lo que hoy es Estados Unidos de América, pasaron por Tollan-Xicocotitlan, sede de la cultura tolteca, cuando ya estaba en su momento de decadencia, y quizás terminaron de hacerla caer; y por una Teotihuacan que llevaría medio milenio abandonada en el momento de recibirlos.

Hay que decir lo obvio, porque a veces es lo que más se oculta; un pueblo que peregrina por doscientos años, como supuestamente hicieron los mexicas, no es en absoluto un pueblo civilizado; esto es, no están establecidos en ciudad y, por tanto, no generan cultura avanzada y compleja. Vienen de una zona que en ninguna circunstancia permite el desarrollo de grandes y gloriosos asentamientos; es gente que camina con lo que puede cargar, armas y herramientas en mano, pieles por vestimenta y pensamiento mágico como forma de comprender el mundo. Son chamanes del desierto.

Nadie los quería, y quizás es importante preguntarse por qué. Según la leyenda de las diversas tribus nahuas, todas provienen de un lugar común, el mítico Aztlán o lugar de las garzas. Hay que decir que, aunque varios académicos han dedicado su carrera a buscar Aztlán, es como empeñarse en encontrar la Atlántida, error que surge de la tremenda equivocación de querer encontrar datos palpables de relatos tan profundamente simbólicos como son las mitologías sagradas.

Provienen todos del norte, de esa zona que los académicos llaman Oasisamérica, al norte de Mesoamérica y Aridoamérica; por los pocos asentamientos que se pueden desarrollar en la zona de oasis generada por la bajada de agua de las montañas Rocallosas. Son los beduinos de por acá. De un oasis a otro y con la necesidad de tener que expulsar a partes de la tribu cada vez que el más leve crecimiento demográfico amenaza la subsistencia de toda la comunidad.

De ahí vienen los nahuas, desde los que comenzaron a llegar a Teotihuacan en sus últimos días de gloria, allá por el año 500, para establecerse posteriormente en los alrededores del lago de Texcoco, hasta los autodenominados mexicas que aparecen en la zona civilizada en fecha tan tardía como el siglo XIII. Todos vienen de Aztlán, todos son aztlantecas o aztecas de origen, aunque cada uno adquirirá su propio nombre.

A los que todos conocemos coloquialmente como aztecas, no tienen nombre. En algún momento de su historia optarán por llamarse a sí mismos mexicas, pero los demás se refieren a ellos como el pueblo sin rostro, lo que implica que no son nadie. La lucha de esa tribu fue precisamente adquirir nombre y rostro. Según su visión los guía en sus andares una antigua deidad a la que llaman Mexitli, de la que tomarán su nombre de mexicas; y tras ser constantemente despreciados y expulsados, lograron no sólo establecerse, sino eventualmente dominar toda la zona y a todos los pueblos vecinos que los habían despreciado. También se vengaron de ellos.

Aproximadamente en la misma época en que ejércitos de decenas de miles de hombres, a caballo y con armaduras y armas metálicas, están luchando en las Navas de Tolosa y haciendo nacer España, el pueblo sin rostro se estableció en el bosque sagrado de Chapultepec, en la ribera occidental del lago de Texcoco, donde quizás en 1299 llevaron a cabo la ceremonia del Fuego Nuevo, una celebración religiosa realizada cada cincuenta y dos años, cuando tras cuatro ciclos de trece años, los calendarios solar y lunar empataban y el tiempo volvía a comenzar.

También en torno a esa época falleció el patriarca y guía mexica Huitzitón, y su pueblo huérfano llevó a cabo un oscuro ritual para que el espíritu de su líder permaneciera con ellos, los llevara a su tierra prometida y los hiciera victoriosos. Se convirtió en su dios Huitzilopochtli, quien a partir de ese momento necesitaría sacrificios de corazones para poder mantener esa falsa vida otorgada por su pueblo. A mayor cantidad de corazones recibidos, él les daría más poder, y entre más poder tenga el pueblo, mayor cantidad de corazones podrá ofrecer. Comenzó el pacto macabro entre los mexicas y su nuevo dios.

En 1340 los castellanos aliados con los portugueses tuvieron otra victoria decisiva contra el islam, tan importante como la de Navas de Tolosa, pero menos famosa: la batalla del río Salado, en la que derrotaron a los guerreros benimerines de Marruecos y les dio control total sobre norte y sur del canal de Gibraltar. En fecha cercana, por tradición en 1325, aunque sea difícil de rechazar o verificar, los mexicas contemplan por fin la señal prometida por su dios, el águila devorando a una serpiente sobre un nopal, y fundan su ciudad en una isla pantanosa en medio de un lago dulce y salitroso.

Para 1325, eran unos nómadas del desierto asentándose por primera vez en zona ya civilizada. Después de ser expulsados de muchos lugares por cometer actos tan salvajes como desollar a la hija de un gran Señor para vestir con su piel a un sacerdote, logran establecerse en un islote cedido para tal fin por Tezozomoc, el Señor de Azcapotzalco, la ciudad más poderosa del lago en ese momento.

Por cien años, los mexicas prosperaron contra todo pronóstico en esa isla, y se fueron convirtiendo en los guerreros de élite del señorío de Azcapotzalco, hasta que ocurrió lo inevitable; se aliaron con otras ciudades sometidas para rebelarse contra sus amos y obtuvieron su independencia. Más inevitable aún, en poco tiempo se hicieron los nuevos poderosos y terminaron por dominar a sus antiguos aliados. También la historia de la humanidad.

Su rebeldía comenzó en 1375, cuando, siendo vasallos de Azcapotzalco, decidieron que era momento de tener voz y nombrar a su propio Señor, su orador, su tlatoani; y nombraron al noble guerrero Acamapichtli; lo cual, como era de esperarse, desertó la ira de su Señor, Tezozómoc, y comenzó la guerra.

Murió Acamapichtli en 1387 y fue sucedido por su hijo Huitzilihuitl, quien guio a su pueblo hasta 1415. Para acabar con la guerra y mejorar las relaciones, éste se casó con una hija de Tezozómoc, lo que aseguraba que un nieto del gran Señor sería rey de los mexicas sublevados. Este hijo se llamó Chimalpopoca y reinó desde la muerte de su padre en 1415 hasta su asesinato a manos de guerreros de Azcapotzalco en 1427. Evidentemente la relación no mejoró.

Era el momento más oscuro de los aztecas, pero los nobles se reunieron y eligieron nuevo líder al guerrero Itzcóatl, quien, con el apoyo de sus hermanos —Tlacaélel, sumo sacerdote de Quetzalcóatl y Moctezuma Ilhuicamina, líder de los ejércitos—, forjó alianzas con otras ciudades, comandó un ejército y terminó por obtener la independencia para su pueblo, que sería a partir de ese momento el nuevo gran poderoso del lago.

Pero quién nos liberará de los libertadores. Esa es una máxima en toda la historia humana. Ahora ya con nombre y rostro, los mexicas no sólo se hicieron los nuevos amos de los valles centrales, sino que el sumo sacerdote Tlacaélel tergiversó historia y mitologías en torno al dios tutelar Huitzilopochtli, y comenzó el sacrificio humano y el canibalismo ritual a costa de los pueblos vecinos.

Era aproximadamente 1435. Los mexicass comienzan su expansionismo para dominar la ribera del lago de Texcoco. Ese mismo año muere el almirante Zheng He tras haber navegado con trescientos barcos el litoral de China, el estrecho de Malaca, el océano Índico, el mar Rojo y la costa de África hasta Madagascar. Recordar estas comparativas culturales es vital cuando se nos habla de la avanzada utopía americana.

A lo largo del siglo xv los mexicas consolidaron su poder a través de guerras, matrimonios y alianzas, hasta controlar una zona que va del actual estado de Guanajuato al de Oaxaca, algo así como el veinte por ciento del México de hoy. Pero el territorio no está poblado por mexicas, sino por los pueblos sometidos y sojuzgados por ellos, y lo que conforman no es un imperio, sino el espacio de poder donde cobran tributos en recursos y en sangre.

En 1487, los reyes católicos toman Málaga como parte de su guerra contra el reino nazarí de Granada que comenzó en 1482. Ese mismo año, el tlatoani Ahuízotl inaugura el Coatepec o Templo Mayor de los mexicas; una escalinata rematada con dos adoratorios, a Tláloc, dios de la lluvia tutelar de todos los pueblos, y a Huitzilopochtli, su propia deidad protectora. Se habla de que en las ceremonias de consagración, de cuatro días, se extrajeron veinte mil corazones de prisioneros enemigos.

Está por terminar el siglo xv, el Templo Mayor es sin duda majestuoso, y también es como un zigurat babilónico del tercer milenio antes de la era cristiana. Para ese momento, la catedral de Burgos lleva dos siglos de pie, igual que la de León, Zamora o Pamplona, todas ellas góticas y de una refinada complejidad arquitectónica; y la universidad de Salamanca lleva dos centurias impartiendo clases. En ese cambio de siglo se elabora la Piedra del Sol de los mexicas, y Miguel Ángel da vida al David.

Ahuízotl fue el gran Señor de los mexicas de 1486 a 1502 y fue un periodo de guerra continua que expandió el dominio mexica más allá que nunca en su historia, pero que engendró el odio y rechazo que, en poco tiempo, permitieron a Hernán Cortés sellar alianzas con todos esos pueblos. Para 1519, en cada una de esas comunidades hay hijas, esposas o madres que vieron a sus hombres perecer en las garras de los sacerdotes de Huitzilopochtli.

En 1502 los nobles mexicas eligen como su Hueytlatoani al gran sacerdote y guerrero Motecuzoma Ilhuicamina. Tiene treinta y seis años y es conocido y respetado por todos. En ese mismo año, un Hernán Cortés de diecisiete años, bastante desconocido y de momento poco respetable, llega tarde a su cita para zarpar al Nuevo Mundo, pues se rompió la pierna saltando del balcón de una mujer casada y un marido cornudo. Tendrá que esperar a 1504.

Pero los españoles ya estaban de fijo en el Caribe desde 1494, los pueblos mayas ya sabían de ellos, y ya habían informado de su presencia a los mexicas a través de los pochteca, comerciantes embajadores.

Cuando Moctezuma II toma el mandato, Cristóbal Colón está comenzando su cuarto viaje, en el que le prohíben tocar tierra en La Española y del que tiene que volver pagando su pasaje en un barco mercante; Diego de Velázquez lleva diez años viviendo en las Islas Remotísimas, Américo Vespucio ya cartografió el nuevo continente (del que ya se sabe que es un nuevo continente), Juan de la Cosa ya publicó su mapamundi que incluye al Nuevo Mundo, y Pedro Alvares Cabral ya reclamó Brasil para la Corona de Portugal. Si Colón murió pensando que llegó a India y a China es sólo porque quiso.

Lo más importante de 1504 es sin duda la muerte de Isabel la Católica. Cortés no se ha terminado de aclimatar a Santo Domingo cuando llega la noticia, el 26 de noviembre, en la villa de Medina del Campo, la reina ha dejado de existir. Su hija Juana es la heredera de Castilla, pero

Fernando lleva demasiado tiempo opacado por una mujer, declara loca a su hija y toma la regencia del reino.

Hernán Cortés ha llegado al otro lado del océano, Moctezuma ha sido electo como tlatoani. Todas las condiciones se han conjurado y lo seguirán haciendo para ponerlos frente a frente. España y Portugal se disputan las dos mitades de un mundo que acaba de ser descubierto, Tenochtitlan y Tlaxcallan se disputan las dos mitades de un valle.

CORTÉS Y MOCTEZUMA

La historia anteriormente contada, y mucho más, está detrás de cada uno de estos dos grandes protagonistas en el momento de su encuentro. Hernán Cortés representa un mundo viejo e interconectado en el que se han mezclado lo griego y lo romano, lo judío y lo cristiano, lo racional y lo místico hasta llegar al humanismo renacentista. El tlatoani representa tres mil años de historia en la tierra que el tiempo olvidó.

¿Qué podría pasar por sus mentes estando uno frente a otro? El tlatoani es el embajador de toda una porción de la humanidad que había quedado aislada por decenas de miles de años. Es como ir a Sumeria, al antiguo Egipto o a Mohenjo-daro.[18] Es edad de piedra, pero es misticismo y una filosofía metafísica como la que sólo hacen los pueblos que no se han desconectado del todo de la naturaleza, es una antigüedad que atrae y representa todo tipo de dudas,

---

[18] Una de las ciudades y culturas más antiguas, de piedra, en el cauce del río Indo que debe datar del 5000 a.C.

teoría en incertidumbre que obliga a repensar todo lo que se ha creído, comenzando por las sagradas escrituras.

Cortés es el rostro de todos los demás, de lo que ha construido la humanidad que por los azares de la geografía se mantuvo unida. Es haber pasado de la piedra al metal y dentro de los metales del cobre al hierro y más allá. Es tres mil años de conciencia histórica frente a pueblos que no escriben; es la letra y el alfabeto frente al glifo, es un producto de las rutas de la seda, hijo de Persia y Grecia, de Grecia y Roma, de Roma y bárbaros, de bárbaros y árabes.

Cada uno es para el otro la incógnita más absoluta y, por añadidura, la intriga más inmensa. No tienen forma de entenderse, aunque tengan traducción, pues sus códigos culturales no tienen marcos de referencia comunes, es pensamiento mágico contra universidad y filosofía. Pero conversaron, y mucho. El tlatoani y el conquistador se vieron a diario desde su encuentro en noviembre de 1519 y mayo de 1520, cuando Cortés se lanza a la costa a enfrentar a las huestes del gobernador de Cuba en la persona de Pánfilo de Narváez. Es evidente que cada uno quedó de alguna manera prendado por todo lo que el otro envolvía e incluía en su persona.

Cortés tenía treinta y cuatro años y era "de buen rostro", según Cervantes de Salazar; su mirar era profundo y amoroso, de acuerdo con la crónica de Bernal Díaz del Castillo, y era de buena estatura y gran pecho, de barba clara y cabello largo, mucha fuerza y mucho ánimo, con destreza en las armas y dado a las mujeres y a Dios, según refiere Francisco López de Gómara. A lo anterior hay que añadir lo obvio: era culto, lo cual se nota en su forma de escribir; era erudito, según consta en sus citas; latinista, como evidencian sus cartas; universitario finalmente.

Por encima de todo, tenía carisma, ese que hizo que una legión de pueblos con los que no tenía forma de entenderse pactase con él a grado tal de dar origen a un país y una cultura. Del carisma nunca existe registro histórico más allá de la evidencia en los hechos. Era de buena estrella, destacaba sobre los demás, era de amigos, transpiraba éxito e insuflaba confianza. Lo que emprendía llegaba a buen puerto.

Como hijo único, era un tanto berrinchudo y muy necesitado de atención. Siempre la tuvo. Confiaba en sí mismo quizás un poco más de lo psicológicamente saludable, pero sólo con esa actitud logra entrar a Tenochtitlan de la mano del tlatoani. Como Alejandro en Jerusalén y Julio César en Roma. Nunca olvidemos el tamaño de Hernán Cortés.

Por su parte, Moctezuma era hombre de mediana corpulencia acompañada con majestad real. Delgado, de pelo oscuro y reluciente igual que sus profundos ojos negros, con una mirada que inspiraba a amarle y reverenciarle. Así lo describe el cronista Francisco Cervantes de Salazar, quien no conoció al tlatoani, pero sí a Cortés y a otros conquistadores. Era fuerte y ligero, tiraba bien del arco y nadaba, era amado y temido (era chingón).

La crónica de Díaz del Castillo hace referencia a la misma mirada que hacía amarlo, lo que permite pensar que beben de la misma fuente, que, sin lugar a dudas, es Cortés, quien por lo visto se sentía inspirado a amar y reverenciar al tlatoani; que contaba con doscientos principales para atenderle, que se presentaban ante él descalzos, sin mirarlo a los ojos y dirigiéndose con el exordio de Señor, mi Señor, mi gran Señor.

Para 1492, mientras el almirante genovés quizás tocaba tierra en las Bermudas, Moctezuma tendría unos veintiséis años, había estudiado desde los cinco en el calmécac, la academia de los nobles donde se aprende historia, religión y mitología, junto a la forma de describirlas e interpretarlas en códices, los números y las formas de contarlos, las formas de leer el cielo y las artes de guerra para poder ser un general entre los guerreros águila o jaguar.

Se aprende, por encima de cualquier otra cosa, a mandar, lo cual encaja perfectamente con lo que se enseña en el calpulli, la escuela de los plebeyos: artes y oficios, construcción, historia desde luego, y el adoctrinamiento que conlleva, sobre todo en un pueblo que cuatro generaciones antes de la conquista había borrado y reescrito su historia, allá en los tiempos de Tlacaélel. Aprendían disciplina y mortificaciones y entrenaban para ser buenos guerreros al servicio de sus líderes. Se enseñaba a obedecer. Como hoy.

Creció convirtiéndose en un fiel devoto de su religión y un experto en la lectura de códices. Ya había sido nombrado Tlacochcalcatl, algo que sería similar a general, y era sumo sacerdote de Huitzilopochtli. Hernán Cortés era un niño de siete años jugando y aprendiendo esgrima en el feudo de Medellín.

Pero qué caprichosos son los movimientos de la historia. Con el cambio de siglo nace en Gante, el 24 de febrero de 1500, el hombre que estaba destinado a gobernar todo lo que resultaría de este encuentro. Cuando Cortés salió de Sanlúcar de Barrameda en 1504, no conocía a ese niño de cuatro años destinado a ser emperador universal, en gran medida gracias al propio Cortés, pero todo su periplo desde la zona maya y hasta Veracruz, de ahí a Tlaxcallan y finalmente a Tenochtitlan, lo hizo alegando que su rey don Carlos lo había enviado a conocer a Moctezuma.

Para ese mismo año, Vicente Yáñez Pinzón explora la desembocadura del Amazonas en enero, mientras Pedro Alvares reclama Brasil para Portugal en abril; y el gran capitán Fernández de Córdoba le da su Navidad al sultán otomano con una derrota en la isla griega de Cefalonia. A lo largo del año es cuando Juan de la Cosa publica su primer mapa, y cuando dicen que Américo Vespucio cartografió el litoral sudamericano.

Pero en medio de todos estos acontecimientos ocurrió el más importante de todos para llevar esta historia a buen puerto; en algún lugar de la frontera entre el mundo náhuatl y el maya, nació una niña a la que nunca sabremos cómo llamaron sus padres, pero los españoles la bautizaron como doña Marina. Hoy se le llama Malinche, aunque ese es el nombre con el que Moctezuma se refería a Cortés.

Poco sabemos de ella. Siendo muy niña quedó huérfana de padre, y cuando su madre volvió a casarse con un hombre que ya tenía un hijo, la vendió como esclava. La utopía americana. Hablaba náhuatl de origen, pero su cautiverio lo vivió en zona maya, donde aprendió también esa lengua.

Sabemos que no sabemos cómo se llamaba. No fue Malintzin o Malinalli. El padre Olmedo y Hernán Cortés no se ponían a buscar nombres que tuvieran parecido fonético entre el náhuatl y el español. La bautizaron como Marina. El fonema de la letra *r* no existe en la lengua náhuatl, por lo que sus hablantes se referían a ella como Malina. Al ser la mujer de Cortés los españoles le decían doña, y equivalente a ese señorío en la lengua mexica es el sufijo *tzin*, por lo que fue Malinatzin o Malintzin. Fue su nombre náhuatl el tomado del español.

Marina puede ser la eterna traidora que se vendió al extranjero y traicionó a los suyos, despropósito que tiende a ser la versión oficial en México; o puede ser ese gran misterio de la historia, ese vínculo destinado a unir a dos pueblos para hacer nacer uno nuevo. Amó a Cortés y Cortés la amo a ella, como otros españoles a sus esposas indias. Fue el lado femenino del Anáhuac el que tendió puentes de entendimiento, fueron las mujeres de las Indias las que recibieron a los hombres de España. Podemos ver conquista si queremos, pero en este proceso migratorio hay también historias de amor.

Cortés llega a Santo Domingo en el verano de 1504, cerca de cumplir los diecinueve años. Tiene dos tipos de educación, la teórica y erudita obtenida en Salamanca, donde se gradúa como bachiller en leyes, y la práctica obtenida en el entorno familiar, relacionada con órdenes de caballería. Aprendió esgrima, equitación, administración y a trabajar el campo.

Su misión en Santo Domingo será entenderse con los indios y llegar a acuerdos. Por el mismo tiempo, el tlatoani Moctezuma ha asesinado a la antigua nobleza para nombrar una nueva absolutamente sometida, y ha comenzado una serie de campañas de dominación y violencia para asegurar el señorío mexica en los territorios heredados por su predecesor.

En 1509 el rey Fernando de Aragón y regente de Castilla designa a Diego Colón como virrey de las Indias, cuando esa denominación sigue limitándose al Caribe, ya que aún no han llegado a tierra firme continental, y gobernador de Santo Domingo. Para ese momento Hernán Cortes es escribano y notario y es nombrado asistente del oficial real de finanzas.

A Cortés no le gusta Colón y su estilo, es impositivo y autoritario, no escucha y a veces parece que no piensa. Desde 1504, Cortés había quedado a cargo de la pacificación de la isla, y había optado por hacerlo a través del diálogo en vez de las armas. Diego Colón no entendía esa forma, lo suyo era someter y obtener ganancias.

Pero el hijo del almirante sólo tenía poder ahí en lo que su padre hubiera descubierto, por lo que la solución era descubrir y colonizar otro lugar. Con esto en mente, Hernán decidió formar parte de la expedición liderada por Diego de Velázquez, con título de adelantado, que tenía como objetivo establecerse en la isla Fernandina, hoy conocida como Cuba, para colonizar y explorar más allá. Cortés lo acompañará como secretario de finanzas.

En 1514, Cortés se estableció con una indígena taína a la que llama Leonor Pizarro, como su abuela, y con la que tiene una hija a la que llama Catalina Pizarro, como su madre. Al año próximo Diego Colón es llevado a España a juicio de residencia, y al siguiente Fernando el Católico muere. El nieto de los reyes católicos e hijo de Juana, Carlos de Gante, se proclama rey invocando la supuesta locura de su madre. Es en este momento cuando el cardenal Cisneros decide que las Islas Remotísimas deben ser regidas por religiosos y nombra una junta de frailes jerónimos.

También es alrededor de este momento cuando el tlatoani de los mexicas siente su corazón desasosegado. Está consumido por la melancolía, y siente, según la expresión común de ese pueblo, como si su corazón estuviese sumergido en chile. En algún momento en torno a 1511, cuando Cortés está zarpando rumbo a Cuba, Moctezuma comienza a recibir una serie de presagios que según todos los agoreros significa el final de su tiempo.

Presagios funestos[19] serán llamados. Moctezuma vio una espiga de fuego en el cielo que centellaba en la bóveda celeste; el templo de Huitzilopochtli se encendió en llamas una noche y quedó reducido a cenizas y piedras incandescentes; lluvias de fuego, cometas viajando hacia el oriente de tres en tres, el lago de Texcoco hirviendo de pronto, animales extraños, personas deformes; y el más terrible de todos, la diosa Cihuacóatl vestida de blanco y vagando por las noches mientras profería lamentos. ¡Ay, mis hijos, nuestros dioses mueren y nosotros moriremos con ellos! ¡Ay, mis hijos, a dónde podré llevarlos y esconderlos!

¿Qué podría estar pasando por la mente del tlatoani? ¿Qué podrían significar todos esos augurios en una época en que se hablaba de extraños hombres blancos y barbados que llegaban por la mar de Oriente? ¿Cómo se prepara uno para el fin del mundo? ¿Qué significa el fin del mundo para

[19] Los presagios funestos aparecen detallados en la *Visión de los vencidos. Relaciones indígenas de la Conquista*, de Miguel León-Portilla.

una persona que sabe que el tiempo no es lineal sino cíclico, que todo son nuevos comienzos? ¿Cómo enfrentarse al porvenir si sabes que cada cincuenta y dos años puede llegar el desenlace? Más aún, cómo enfrentar todo esto cuando sabes que eres un usurpador…, porque el trono no pertenece en realidad a Moctezuma, y el tlatoani lo sabe.

Resulta que los mexicas borraron y falsificaron su historia. Eran un pueblo sin rostro y sin nombre, nómadas de los que no hacen gran cultura, los repudiados por todos. De pronto eran amos y señores y eso debía tener explicación; la más evidente podría ser su fuerza guerrera, pero el poder que se toma por la fuerza no es legítimo y todos los poderosos de la historia humana buscan establecer narrativas que le den más sentido y significado a su poder.

Quizás tomaron el poder porque al ser una tribu nómada y salvaje eran guerreros con el valor de aquél que no tiene nada que perder. Y posiblemente eso no le pareció digno a Tlacaélel, quien pensó que una misión divina era una mejor historia por contar. Su dios les obsequió esa tierra y con ella los premió por ser buenos y leales devotos para que ejercieran su dominio hasta donde sus ojos alcanzaran a ver.

Tras la muerte de Chimalpopoca, tercer tlatoani asesinado por Tezozómoc de Azcapotzalco, la tercia de hermanos antes mencionada tomó el liderazgo del pueblo mexica; Itzcóatl como tlatoani, Moctezuma Ilhuicamina como líder guerrero y Tlacaélel como Cihuacóatl, un puesto y título muy complicado que intentaremos explicar.

La palabra Cihuacóatl significa mujer serpiente, y aunque también es el nombre de la diosa madre que se lamenta por sus hijos, es el título del verdadero gobernante de los mexicas. El tlatoani es ante todo un símbolo, es el sucesor de los patriarcas guiado por su dios tutelar, el representante máximo de su historia y su tradición, un cargo mucho más religioso que político, en un mundo donde política y religión son lo mismo, pero sería más parecido a un papa que a un rey. A un dios encarnado.

El tlatoani sólo es. Alguien tiene que llevar a cabo las burdas tareas del gobierno del mundo, y ese es el Cihuacóatl; si quisiéramos compararlo, sería algo así como un primer ministro.

Como Cihuacóatl de Itzcóatl, de Moctezuma primero y de Axayácatl, y sumo sacerdote de Quetzalcóatl, más o menos entre 1430 y 1480, si todas las leyendas son ciertas, Tlacaélel fue el verdadero fundador de eso a lo que llamamos imperio azteca, y fue, ante todo, el que estableció su narrativa fundacional.

Cuenta la leyenda que una vez que los mexicas obtuvieron su independencia y se convirtieron en los nuevos amos, Tlacaélel organizó una expedición para rastrear la peregrinación ancestral de su pueblo. Muchas leyendas se contaban de Aztlán, ese paraíso mítico del que provenían; y era menester encontrarlo para establecer la validez de su linaje.

El único problema es que esa expedición regresó años después con terribles noticias: no había huella o evidencia alguna de ningún Aztlán o edén similar, y menos aún de los mexicas en su deambular por el mundo. No eran nadie. Ante ese problema, Tlacaélel tuvo la mejor solución: matar a los mensajeros, quemar los códices, contar una nueva historia.

Así nació la leyenda que hasta hoy nos contamos en México y que es la esencia del escudo nacional. Los mexicas vivían en el edénico Aztlán hasta que un día su dios Huitzilopochtli les dijo que dejaran todo y se encaminaran a una tierra prometida que sería señalada con un águila devorando a una serpiente posada sobre un nopal. Si actuaban tal y como les decía, los haría amos y señores de cuanto alcanzaran a ver. Así pues, no es que todos los pueblos del Anáhuac hubiesen sido conquistados y sometidos por una tribu nómada recién llegada que era mejor para luchar. Era un mandato divino.

Si bien la similitud con el relato hebreo es pasmosa, no deja de ser fascinante que, de tradiciones tan similares, de pueblos elegidos con tierra prometida por Dios y una misión que cumplir desde dicha tierra, hayan emergido religiones tan disímbolas. El relato de los israelitas es origen de una tradición cristiana donde Dios es quien se sacrifica por el humano; y la narrativa mexica se transformó en un dios incapaz de vivir por sí mismo y que por ello requiere arrebatar la existencia de los hombres entregados en sacrificio, como ya se mencionó antes. En una comes y bebes el cuerpo y la sangre de Cristo, y en la otra es el dios quien come y bebe de ti.

Huitzilopochtli les ordenó peregrinar el tiempo que fuera necesario, quizás para que olvidaran Aztlán, así como los hijos de Jacob debían olvidar Egipto; y les pidió establecerse donde vieran el águila sobre el nopal devorando a la serpiente. Águila y serpiente que no son sino los dos elementos iconográficos constitutivos de Quetzalcóatl, la Serpiente Emplumada, por lo que el nuevo mito establece que el dios de los mexicas los mandó a buscar las tierras del otro dios y les prometió dominio sobre ellas.

Estos mexicas nacidos lejos del centro de Mesoamérica nada saben del tal Quetzalcóatl en el inicio de su propia historia, pero entran en contacto con él conforme van dejando las tierras chichimecas y adentrándose en la civilización. Llegan a Tula y a Teotihuacan, estudian y comprenden. Ahora saben que la Serpiente Emplumada es dios de todos por encima de deidades tribales y mitologías locales. Tienen que integrarse en esa civilización, sobre todo después de 1427 en que la dominan, y para ello deben conocer sus cultos y contar las historias desde ahí. Es como Recaredo en su conversión al cristianismo.

Había que empatar historias. De Quetzalcóatl se decía que era hijo del cielo y la tierra, concebido por una madre virgen y sin mediación sexual. Los mexicas contaron la misma historia acerca de Huitzilopochtli. Serpiente Emplumada era hijo de Mixcóatl, que significa nube de serpientes y es el nombre de la Vía Láctea, y de Chimalma, madre tierra y diosa de los renacimientos, quien al ver una pluma preciosa de un quetzal la guardó entre sus ropas, cuando quiso encontrarla después ya no la tenía y estaba embarazada.

Huitzilopochtli fue hijo del Sol, Tonatiuh, y de Coatlicue, la mujer con falda de serpientes, otra manifestación de la madre tierra, quien al ver un jade precioso lo guardó entre sus ropas para luego descubrirse encinta. Reescribiendo las mitologías, se hizo a Huitzilopochtli hermano de Quetzalcóatl, y entonces todo quedó claro: el dios de los mexicas, hermano del dios de los pueblos mesoamericanos, los había enviado ahí para someterlos y sacrificarlos;

podía parecer cruel, pero todo era para seguir dando vida al universo.

Con esta nueva narrativa los mexicas se presentarán a sí mismos como un pueblo salvador y sagrado, se proclaman los herederos de los toltecas y asumen para sí mismos toda su tradición. Pero hay un detalle. La mitología tolteca que los mexicas hicieron propia, y que Moctezuma II estudió hasta hacerla personal, habla de un Quetzalcóatl que es derrotado por el dios oscuro Tezcatlipoca, hermano de Huitzilopochtli, que sale huyendo tras sucumbir ante el mal, y que promete volver para recuperar su trono, restaurar su gloria y salvar a sus hijos.

Moctezuma espera el regreso de Quetzalcóatl como una obsesión, y eso es lo que verá en la llegada de Hernán Cortés. Sabe que el trono no le pertenece y que debe devolverlo a los enviados de la Serpiente Emplumada. Quizás fue así como Dios salvó a toda una familia de pueblos de ser sacrificados violentamente para alimentar a un espíritu maligno al que ninguno de ellos rendía culto. Quizás por eso le dijo "estás en casa".

Sabe Moctezuma que cada cincuenta y dos años es tiempo de incertidumbre, pues el tiempo termina y todo se renueva; es con el fin de cada ciclo cuando se abre la posibilidad del regreso de Quetzalcóatl, y todo indica que el nuevo fin del mundo se cumplía precisamente en la fecha cristiana de 1519, el año en que Cortés llega.

Moctezuma sabe de la presencia de los hombres extraños que arriban de allende el mar desde que tomó el poder en 1504. Para ese momento ya pululan en el Caribe y navegan frente a las costas de los mayas. Las noticias llegan.

¿Quién podrá ser esa gente?, y lo más importante en un mundo donde todo tiene simbolismos místicos y religiosos, ¿qué podrán significar?

Son pocos y están lejos. Pero se acerca el año de fin de ciclo y los extraños se aproximan cada vez en mayor número, de pronto ya naufragan frente a las costas y por accidente tocan tierra firme. Supo el tlatoani de la desastrosa expedición de 1517 al mando de Francisco Hernández de Córdoba y le enviaron dibujos de las montañas flotantes en las que viajaban los extraños.

Supo de la expedición de Juan de Grijalva al otro año, y fue siguiendo los pasos de la expedición de Cortés desde que apareció en su horizonte a finales de 1518. Supo que encontró náufragos españoles que sirvieron de traductores y supo también del encuentro donde entre tantos intercambios recibió a Marina. Envió embajadores y supo que Cortés contaba con una cadena de traducción, pues Marina llevaba del náhuatl al maya y el náufrago Jerónimo de Aguilar del maya al español.

Tres embajadas llegaron ante Cortés invitándolo a retirarse. Enviaban saludos y regalos del tlatoani mexica, junto con el mensaje de no seguir adelante. Pero Cortés pactó con los totonacas de la ciudad de Cempoala, y a partir de ahí con cada uno de los pueblos con los que hizo contacto, dado que todos manifestaban un repudio total a los mexicas. Moctezuma lo sabía todo.

Supo Cortés por doña Marina de la especial enemistad entre los mexicas y los tlaxcaltecas y decidió dirigirse a conocer a ese pueblo. Lo recibieron con guerra para medir fuerzas y finalmente ofrecieron la paz. Comenzó la más extraña de las alianzas que haya tenido España con el que resultó ser el más leal de sus aliados. Gracias a los tlaxcaltecas tomaron Tenochtitlan en 1521, pero también con su ayuda y sus tropas conquistaron Centroamérica, con colonos bautizados poblaron y construyeron el norte, y con sus guerreros de élite conquistaron las islas Filipinas.

La opinión se divide en la corte de Tenochtitlan. Moctezuma, que debió matar a decenas de hermanos para hacerse del poder, comienza a hablar de pactar ante la inevitabilidad de los hechos; su medio hermano, Cuitláhuac, de los pocos que no murieron y quien también aspiraba al mando, habla de aniquilarlos. Como pasa en la política sin importar tiempo y lugar, el pueblo quedó dividido en dos.

Pero Cortés no deja de avanzar y de hacerlo cada vez con más gente, más guerreros, más aliados y más posibilidades reales de tomar Tenochtitlan. Sin embargo, el aventurero no deja de enviar mensajes de paz, se dice amigo de Moctezuma y que sólo quiere conocerlo para hablar con él y arreglar lo que evidentemente son malentendidos con los otros pueblos. Lo respeta y lo aprecia según cada mensaje.

Moctezuma, que intentó alejarlo con obsequios, terminó por descubrir que Cortés no era un vil y vulgar cazador de tesoros, y entonces optó por asesinarlo a traición con toda su gente en una trampa que le tenderá en Cholula, pero gracias a Marina, Cortés descubre el complot, mata a los nobles conspirados y sale de la ciudad.

Cortés sigue avanzando con discursos de paz al tiempo que va al mando de decenas de miles de personas listas para la guerra. Moctezuma sabe que todos son sus enemigos y todos han hablado con el conquistador sobre la opresión mexica. Puede tratar de pelear con él o puede intentar comprenderlo. Quizás a falta de opciones opta por lo segundo. Si una alianza de todos contra Tenochtitlan puede resultar seductora al español, una alianza con Tenochtitlan pudiera resultarle más interesante.

Pero es verdad que Cortés no está pensando en la guerra. Tiene la experiencia de pacificar a los indígenas a través del diálogo, como hizo en Santo Domingo y Cuba, y tiene el pragmatismo y la sensatez de no pretender iniciar una guerra con cuatrocientos hombres que ni siquiera son soldados.

Lo que el medellinense trae en mente es absolutamente incomprensible para todos sus hombres, que son más de la idea de conseguir oro y largarse a la menor provocación. El líder hundió sus barcos y canceló la retirada; no pretende volver, Cortés fue para quedarse. Su única opción es entenderse con todos, aprender su lengua y tratar de comprender sus costumbres mientras trata de convencerlos de abandonarlas.

No sólo quiere evitar una guerra, en su mente coquetea con la idea de lograr que todos esos pueblos enemigos se entiendan y dejen sus rencillas. No lo logró.

Ahí están el conquistador y el tlatoani protagonizando el momento más importante de la historia y ninguno tiene idea de lo que está pasando. A Moctezuma lo acompañan los nobles de todas las ciudades del lago, va en una litera sin tocar jamás el piso, todos agachan la cabeza y arrojan flores a su paso, hay danzantes y músicos, tambores y humo de copal, y desde luego muchos guerreros jaguar y águila ataviados con sus más atemorizantes vestimentas.

Cortés ha ordenado limpiar los doce caballos y pulir todas las armaduras, ha secado la pólvora y alistado los cañones, no para atacar, sino para hacer un espectáculo. No es una batalla, sino un encuentro diplomático jamás antes visto en la historia. Los caballos corren, reparan y hacen suertes, los cañones truenan, la música y las danzas también se hacen presentes. Así llegaron a colocarse uno frente a otro.

Qué lleno de historia está cada uno de los protagonistas, qué llenos de preguntas y respuestas. Cortés no lo sabe, pero en ese momento Juan Sebastián Elcano ya está dando la vuelta al mundo. Las dos mitades de la humanidad se han encontrado finalmente.

UN DULCE OLOR A MUERTE

Hernán Cortés entró a la ciudad mexica de la mano de su tlatoani. Imposible conocer las inquietudes y sobresaltos de su alma en ese momento. Había logrado su objetivo principal, que era llegar hasta Moctezuma, y ahora entraba en la temida Tenochtitlan en aparente son de paz. Pero había ido improvisando y construyendo sobre la marcha hasta ese momento. ¿Sabía lo que quería? Entró, pero dejando fuera al grueso de los guerreros tlaxcaltecas que lo acompañaban. Su triunfo era a la vez su mayor temor. Ya se lo habían dicho sus aliados, puede ser difícil entrar a Tenochtitlan, y salir es imposible. De ahí no se sale vivo. En realidad, tampoco se sale muerto, pues cada parte de tu cadáver será aprovechada.

Entró Cortés quizás con un aire algo triunfante, pero eran cuatrocientos aventureros penetrando en una ciudad en una isla en medio de un lago y sin guerreros aliados; dependían por completo de la hospitalidad del tlatoani. Moctezuma los llevó a la plaza central y los olores eran cada vez más impenetrables e insoportables, a pesar de los collares de flores con los que locales recibían a los españoles para nulificar el hedor.

Tenochtitlan olía mal, y éste es otro punto clave en el cual detenernos. Convencidos como nos tienen de la absurda quimera de la arcadia americana y de la vileza intrínseca del europeo, hemos repetido hasta hacer verdad el mito del español que se bañaba una vez en su existencia, contra el mexica que lo hace dos veces al día. Se dice que la hediondez de los conquistadores era insoportable y por eso les dieron collares perfumados. Como al respecto hay más leyendas y prejuicios que evidencias, usaremos eso que los gobiernos modernos buscan extirpar a toda costa de sus ciudadanos, la lógica, el razonamiento y el sentido común. Comencemos por lo más evidente: antes nadie se bañaba lo suficiente, pues resulta que el agua corriente para todos, caliente y en el cuarto de baño, es una monería de la segunda mitad del siglo XX.

Los españoles del siglo XV se bañaban poco, pero ¿qué tanto? Como cada individuo de su tiempo, lo hacían cada vez que la oportunidad lo permitiera, y eso era llegar a una posada, y tener dinero, encontrar un pozo, topar con un río, o ser noble y rico, desde luego, y tener a la servidumbre lista con el baño puesto. Que tampoco se cambiaban mucho de ropa, bueno, vale la pena recordar que el hombre común de ese tiempo tenía en general un solo atuendo que debía lavar, limpiar, remendar y cuidar. Esta es exactamente la misma situación de todos los pueblos antiguos, y los de América no son la excepción.

Así como quizás pensamos que los antiguos griegos eran tan cultos como Sócrates, Platón y Aristóteles y se envolvían todos en lujosas telas blancas para contemplar la existencia, de pronto la idea es que el mexica era y se comportaba como el más refinado de los tlatoanis, lo cual evidentemente no es así.

Moctezuma se bañaba dos veces al día porque podía, básicamente, porque todos son sus vasallos. Al Señor también le llevaban pescado fresco desde Veracruz, todos los días, a través de un sistema de postas y corredores implementado precisamente para eso. Los demás no comían pescado, y no porque no quisieran. El tlatoani comía venado porque tenía cotos de caza para obtener dicho manjar, los demás tampoco lo comían, y al gran Señor le servían a diario una mesa con más de cien platillos para que pudiera escoger. El pueblo llano no escogía, y comía plantas, frutos, semillas, legumbres, y obtenía la proteína principalmente de los insectos..., y los sacrificios.

Así también con la ciudad. El Templo Mayor y los adoratorios circundantes en la plaza son el núcleo y hasta el sentido de la existencia de cada individuo de aquella cultura, que gira en torno a la glorificación divina, a ser grandes guerreros para obtener prisioneros sacrificables y subir de rango. Esa zona con olor a muerte es la que está construida en piedra y de forma monumental. De piedra son los palacios de la nobleza y los templos, la gente común vive en chozas en zonas de cultivo.

Que el mexica se bañaba más que el español, sí, sin duda alguna, vivían en un lago. Los establecidos en el Anáhuac tras la caída de Tenochtitlan tomaron la costumbre del baño a diario que mantienen los españoles hasta el día de hoy. La diferencia es precisamente la abundancia de agua, lo cual hace muy posible que el habitante promedio, con más acceso al recurso, lo usara más. Tampoco tienen cambios de ropa.

Para comprender el tema de los olores tomemos la más absurda de las cifras sobre su hipotética población, doscientos mil habitantes, y partámosla a la mitad para hacerla realista. Es una ciudad en una isla, el lago ya huele mal porque está rodeado de un sistema salitroso, evidentemente no hay drenaje de ningún tipo, y esas cien mil personas comen a diario…, y todo lo demás que eso conlleva, porque resulta que son seres humanos.

Se habla mucho de que había canales en las calles para conducir las aguas, pero lo primero que hay que destacar es que no había calles, no anchas y de piedra, pues ese preciado recurso de canteras lejanas se guarda para los templos, y porque los empedrados surgieron en las ciudades por el uso de caballos que en América no hay. Vamos a suponer que por algún artificio que desconocemos, esas aguas no se van quedando en la tierra, sino que fluyen. Eso nos deja ríos de orines hasta llegar al lago.

Pero también desechan sólido. Están los que dicen que lo usaban de abono en todos sus campos de cultivo, lo cual, sin dejar de ser un buen aprovechamiento de los recursos, nos habla del olor que debían tener esas tierras con los desechos diarios de cien mil personas haciéndose composta. Hay que decir que, por tradición, los cultivos se hacían en jardines flotantes llamados chinampas, que rodeaban la ciudad, en círculos que iban creciendo conforme desecaban el lago.

Están los que dicen que hacían lo propio en el lago, lo cual redunda en el tema de los olores del cuerpo acuoso.

Están los que dicen que lo hacían en casa y lo llevaban al lago, lo que nos deja en lo mismo. Hay cien mil seres humanos en una ciudad sobrepoblada en una isla sin drenaje en medio de un lago dulce, salado y sulfuroso.

Esa gente trabaja todo el día y resulta que sudan. Trabajan de sol a sol, porque hay plebeyos como en todas las sociedades, y como en todas, no tienen tiempo de bañarse. Hay canales que llevan agua por toda la ciudad, es cierto, pero, o son para las pequeñas embarcaciones en las que se hace el comercio y están llenas de residuos orgánicos, o son precisamente de desagüe, y si uno va a bañarse al lago, pues se encuentra con todos los obstáculos ya mencionados. La vida cotidiana de cien mil personas, con sus más mundanas vicisitudes, en una isla, hacía que la ciudad oliera mal.

Es probable que esa pestilencia no amilanara a Cortés y a sus hombres, que han vivido en circunstancias similares, pues no es que Santo Domingo o Cuba, o la misma Sevilla, tuvieran drenaje y duchas. Los españoles huelen mal sin duda, los otros también. No es eso, es la peste a muerte y sangre lo que llena el aire de la ciudad.

El tlatoani tomó a Cortés de la mano y lo hizo atravesar la plaza principal con los templos en activo. El olor era reconocible. Olía a matadero. No hay que olvidar que se extraen corazones a diario en ese Templo Mayor, y no es que limpien tras cada sacrificio. Moctezuma le mostró con orgullo, y quizás estrategia, el tzompantli, un enorme muro hecho enteramente de cráneos humanos ensartados en estacas y apelmazados con cal. Cientos y miles de cráneos formando un muro, algo como el salón de trofeos de los mexicas.

El muro de cráneos fue descrito por Cortés y por muchos cronistas, como Andrés de Tapia y Bernardino de Sahagún. Por años, siglos de hecho, se argumentó que no existía, que era una mentira de los españoles para justificar la conquista. El tema es que esos muros están descritos en muchas culturas y por muchos viajeros y, lo más importante, el Hueytzompantli (gran muro) de Tenochtitlan fue descubierto en el año 2016, tal y como fue descrito hace quinientos años. Aun así, algunos lo niegan.

Un muro de cráneos de los sacrificados. Algunos fueron insertados hace mucho y ya son sólo calavera, pero otros son más recientes y todavía son carne en descomposición, al aire libre y en la plaza principal. Sumemos el olor de la sangre fresca y podrida que surge de cada templo, para lo cual es menester comprender la dinámica del ritual sacrificial.

Los mexicas no se sacrificaban a sí mismos, como aún intentan sostener los que dicen que era un honor y nunca un acto de barbarie. Sacaban corazones tlaxcaltecas, huexotzincas, totonacas, xochimilcas y demás. El prisionero era recargado encima de una piedra puntiaguda mientras cuatro guerreros sujetaban sus extremos y un sumo sacerdote hacía una hendidura debajo del esternón con un cuchillo de obsidiana para extraer por ahí el corazón y levantarlo al cielo.

Un pedazo del corazón era reservado para ser comido por el sumo sacerdote, que adquiría así el alma y el valor del guerrero sacrificado, y el muslo se guardaba para que lo comiera el tlatoani y así obtuviera su fuerza física. Los corazones se iban depositando en un reservorio de piedra dentro del adoratorio, y los cuerpos eran arrojados por las escalinatas para que el pueblo diera cuenta de ellos. Eso olió Hernán Cortés en la ciudad y ése es el estadio de desarrollo de dicho pueblo. Tenochtitlan olía a muerte.

EL NACIMIENTO DE MÉXICO

La hospitalidad de Moctezuma fue cordial. Eran poco menos de cuatrocientos españoles, pues algunos se habían quedado en la costa; algunos de ellos ya tienen mujeres indias, y han dejado entrar a algunos contingentes indios. Hay que resguardar y alimentar a unas mil personas.

El tlatoani los alojó a todos en al palacio de Axayácatl, su padre, y dispuso un cuerpo de mujeres que les prepararan alimentos, además de guiarlos hasta el cercano mercado de Tlatelolco, donde podían comprar lo que quisieran. Españoles y mexicass comenzaron a hacer comercio entre ellos; los primeros buscaban primordialmente comida y los segundos veían como exótico y deseable toda cosa rara que trajeran aquellos extraños.

Comenzaron las conversaciones diarias de Moctezuma y Cortés, y el extraño grupo vivió en relativo son de paz por unos meses. ¿Qué estaba pasando? La verdad es que nadie sabe qué hacer, todos improvisan y actúan sobre la marcha, porque no hay modo alguno de que alguien estuviera preparado para ese momento.

Hay división en los dos bandos. Entre las huestes cortesianas la mayoría no quieren estar ahí, muertos de miedo como están, y preferirían volver, aunque no tienen la opción de hacerlo. En la corte de Tenochtitlan el tlatoani encabeza a la facción que evidentemente ha optado por recibirlos, pero su medio hermano Cuitláhuac encabeza el partido guerrero cuya única opción es matarlos a todos ahora que están adentro.

¿Qué hacen adentro? Cortés piensa que ha logrado un triunfo, y quizás lo es. No sólo está ahí y en son de paz, sino que ahora puede conocer la ciudad e ir detectando los puntos débiles y los estratégicos. Moctezuma al parecer se ha rendido y ha tomado la decisión de recibirlos, y a la vez los tiene ahora vulnerables y a todos dentro de la ciudad. La verdad es que no hay paz, sino que todos siguen midiendo sus fuerzas y barajando sus posibilidades.

Pero el tlatoani y el conquistador hablan a diario. De su historia y sus ancestros, sus mitologías y grandes reyes del pasado, de sus ideas, armas y herramientas, y sus respectivas ideas de Dios y lo divino. Moctezuma permite incluso poner una cruz y un pendón de Guadalupe en la cima del Templo Mayor, pero sin quitar a sus propios dioses. Discuten del sacrificio humano y no llegan a nada; Cortés le dice que venera a falsos ídolos, y el tlatoani se ofende y se levanta.

Una vez le hizo Moctezuma la pregunta que parece más simple y que es, sin embargo, la fundamental, ¿cuántos vienen detrás de ti? Para el señor de los mexicas es ya una obviedad; esta gente apareció hace dos décadas, cada vez llegan en grupos más grandes, se acercan cada vez más y ahora ya están ahí, al mando de un hombre que parece no buscar la guerra. El tlatoani quiere saber qué pasa. Cortés le deja claro que nunca dejarán de llegar. El proceso migratorio que está comenzando (porque es justo eso y nada más) es inevitable.

Pasan los días entre noviembre y mayo con los españoles en el corazón del mundo mexica. La inquietud crece entre los extranjeros; los que están adentro, siempre con miedo, y los tlaxcaltecas que están afuera, que dudan cada vez más de su alianza. También crece entre los locales; cuánto tiempo estarán aquí, qué espera Moctezuma para hacer algo, por qué no los matamos a todos.

Dos conspiraciones destruyen ese delicado equilibrio, una española y una mexica. Entre los españoles tenemos a Diego Velázquez, gobernador de Cuba, que poco o nada sabe de su socio, intuye su éxito y quiere robárselo, por lo que manda una flota al mando de Pánfilo de Narváez para arrestar a Cortés. Entre los mexicas, Cuitláhuac sigue ensanchando la distancia entre los miembros de la corte porque ha visto la oportunidad de desplazar a su temido medio hermano y tomar el poder.

Llega así el mes de mayo con la noticia de que Narváez está en Veracruz, cosa de la que se entera primero Moctezuma, quien busca aprovechar la oportunidad, no sea que Cortés y su gente se vayan con los recién llegados, o sea la opción de enfrentarlos entre ellos. El conquistador está furioso, la intromisión de Narváez amenaza con destruir el equilibrio que se ha logrado y no sabe qué hacer.

Tiene dos opciones, y a toro pasado sabemos que eligió mal. Puede quedarse él en Tenochtitlan y mandar a Pedro de

Alvarado a las costas, o puede marchar él a Veracruz y dejar en la ciudad mexica a Alvarado. Ninguna opción es del todo buena. Hernán no quiere pelear con Pánfilo, sino convencer a sus hombres, con palabras y con oro, de que se unan a él, y duda de que Pedro sea capaz de dicha negociación, pero para ir a la costa debe dejar a Alvarado a cargo de la débil paz con los mexicas.

Cortés decide ir en persona a enfrentarse a Narváez y buscar la negociación, y deja a su lugarteniente en Tenochtitlan con la indicación de sólo esperar: no hagas nada, deja todo como está. Alvarado protagonizó una batalla en el Templo Mayor. Para cuando Cortés volvió, con los hombres de Narváez de su lado, habían perdido Tenochtitlan; Cuitláhuac había dado un golpe de Estado a Moctezuma, levantado al pueblo en armas y sitiado a los españoles en su alojamiento del palacio de Axayácatl, donde tenían con ellos a Moctezuma.

Cortés logró llegar a la ciudad y al palacio. Entre los que estaban y los que llegaron de pronto había unas mil quinientas personas. Ya no los alimentaban y el mercado había sido cerrado. Los matarían de hambre. El conquistador habló con el tlatoani y le pidió hacer algo. Moctezuma salió a los tejados del palacio a intentar aplacar a su gente, y las pedradas comenzaron a llover. Mujer de los españoles, le gritaban. Mujer de Cortés.

En ningún lugar y tiempo de la historia la masa actúa de forma espontánea. No existe Fuenteovejuna, siempre hay una mente detrás que mueve los hilos y pasiones de la multitud. Nunca sabremos quién arrojó la piedra que mató a Moctezuma, pero detrás del individuo humano no deja de estar el brazo de Cuitláhuac. El pueblo mató a su tlatoani. Ya no era su Gran Orador. Su medio hermano tomó el poder.

Nada aseguraba la vida de los españoles tras la muerte del tlatoani aliado; el bando que había triunfado era de la postura de matarlos a todos. No quedaba nada más que preparar la huida. Moctezuma murió el 29 de junio de 1520. Cortés entregó el cuerpo a su hermano, confiando en usar los días de duelo y pompas fúnebres para escapar. Pero no hubo ninguna de las dos cosas. Cuitláhuac sólo pensaba en acabar con ellos.

Intentaron la huida la noche siguiente al amparo de la lluvia y la noche. Eran muchos y el pueblo estaba atento. Comenzaron a salir con sigilo de los aposentos y a los pocos minutos era todo a la voz de sálvese el que pueda. Los más veteranos sólo corrieron, los novatos llegados con Narváez intentaron llevar oro. Se hundieron ricos en el lago.

La ciudad era una isla con una sola entrada terrestre, todo lo demás dependía de puentes, y a sabiendas de ello hasta puentes portátiles habían construido los españoles. Huyeron corriendo, nadando, usando puentes y cuerdas, con pértigas. Más de la mitad de los españoles y aliados indios, hombres y mujeres, murieron en esa fallida escapatoria. Ya en tierra firme, Cortés se detuvo en un árbol y comenzó a llorar. Había perdido absolutamente todo. Fue una noche triste.

Todos sus sueños se derrumbaban ante sus ojos y cuentan que debió hacer un esfuerzo sobrehumano para no matar a Alvarado. Perdió amigos y aliados, perdió el tesoro y el quinto real, perdió la confianza ciega de sus hombres y todo lo que se había logrado hasta ese momento. Perdió a Moctezuma. Las últimas palabras del tlatoani al conquistador fueron "cuida de mis hijos".

A partir de ese momento el objetivo de la expedición era claro y simple: sobrevivir. A ese extremo los había llevado su capitán general. Si Tlaxcallan no los recibía estaban condenados. Pero Cortés no podía ofrecerles nada, sino una cosa a cambio: renovar la alianza y salvar la vida, la toma de Tenochtitlan. Terminó la era de las negociaciones. Cortés no había logrado su objetivo.

Una semana después de la huida, un ejército de unos veinte mil mexicas y sus últimos aliados cercaron a los españoles y tlaxcaltecas en el valle de Otumba. Al mando de unos dos mil hombres entre españoles y tlaxcaltecas, Cortés logró triunfar, reorganizar a su gente y consolidar así la renovación de su alianza.

El 8 de julio de 1520 lograron cruzar más allá de los volcanes que constituían la frontera natural de los dos valles. Los mexicas enviaron embajadores a Tlaxcallan ofreciendo la paz a cambio de la entrega de Cortés, pero la propuesta fue rechazada. Quizás el viejo Xicoténcatl no confiaba en las promesas mexicas, quizás sabía que seguirían coaccionados, o quizás su mente ya estaba habitada por una sola idea: tomar la ciudad de sus odiados enemigos.

Mientras los españoles pudieron descansar y sanar sus heridas en Tlaxcallan, los mexicas fueron descubriendo que perdían aliados. No pudieron organizar una persecución, mucho menos un ataque directo, y mientras del lado oriental de los volcanes se comenzaba a formar el ejército invasor más grande del Anáhuac, en el lado occidental el tlatoani Cuitláhuac murió de viruela. ¡Ay, hijos míos, nuestros dioses mueren y nosotros moriremos con ellos!

Contingentes de pueblos diversos comenzaron a llegar ante Hernán Cortés, mientras en la ciudad del lago los nobles elegían al joven guerrero Cuauhtémoc, de veinte años, como su nuevo tlatoani, de manera precipitada y sin los rituales y sacrificios correspondientes. El nuevo Gran Orador de los mexicas buscó inútilmente adeptos; incluso la ciudad siempre aliada de Texcoco decidió sumarse al bando de España y Tlaxcallan.

Cortés había desarrollado una estrategia: construir bergantines cañoneros para coordinar un cerco lacustre a la ciudad. Durante meses, Cortés y sus aliados se dedicaron a construir trece barcos de asedio con un pequeño cañón para cada uno, que serían transportados por tierra hasta los embarcaderos de Texcoco. En la ciudad en medio del lago la viruela seguía haciendo sus estragos y nadie comprendía lo que estaba pasando.

Para marzo de 1521, Cortés controlaba todas las ciudades de la costa lacustre y envió prisioneros con mensajes de rendición a Cuauhtémoc. Era fundamental para él evitar una batalla frontal. Fue rechazado. En abril capturó al último aliado mexica, el señor de Xochimilco, y volvió a ofrecer la capitulación. El postrer tlatoani mexica ya había tomado una decisión: los últimos resistirían hasta morir.

A fines de mayo comenzó el asedio sobre la ciudad tomando las costas desde donde se accedía a la ciudad, rompiendo el acueducto y cortando suministros. Tres de las cuatro calzadas fueron tomadas. Para junio los bergantines rodeaban la ciudad y quitaban los puentes. Los pocos sobrevivientes escapaban por la calzada que quedó libre, mientras el tlatoani y un grupo de guerreros se atrincheraron en la vecina ciudad isla de Tlatelolco. Cuauhtémoc volvió a rechazar la paz.

Para agosto, las tropas sitiadoras dominaban el sistema de islas y la ciudad estaba desierta. Las tropas de tlaxcaltecas y otros pueblos comenzaron a entrar por primera vez en la urbe de sus opresores y fueron destruyendo todo a su paso. Cada adoratorio, cada parcela y cada choza fueron arrasados por la furia de una turba que cargaba consigo cien años de rabia entre pueblos. Todo fue destruido.

El 13 de agosto de 1521 cayó la ciudad en manos de un ejército que diversos cronistas han cifrado en unos cien mil guerreros. Mil de ellos eran españoles. Tras esa definitiva victoria, y con esas dos grandes raíces, México comenzó a nacer.

UN NUEVO SEÑOR AL OTRO LADO DEL MUNDO

El 29 de mayo de 1453, el sultán Mehmed II tomó Constantinopla. La ciudad estaba vacía, de los cincuenta mil habitantes que aún conservaba en sus días de decadencia, no quedaba uno solo, el que no había escapado había muerto en la defensa. Pero nada era más símbolo de triunfo que la otrora gloriosa segunda Roma, por lo que el sultán decidió que fuera la nueva capital de su naciente imperio.

El día siguiente comenzaron a reconstruir, para lo cual era necesario rcpoblar, lo cual sólo podía lograrse lanzando a los cuatro vientos las noticias del fin de la guerra para poder invitar a la gente a trasladarse a la derruida ciudad. Poco a poco todos se fueron adaptando a los nuevos tiempos y a ser partícipes de aquello que comenzaba a nacer. No fue sencillo, pero levantaron un imperio de quinientos años, origen del moderno y floreciente país.

Ayudó, desde luego, que casi todos se convirtieron al islam del vencedor y tuvieron con ello un gran marco de referencia y unidad para construir un imperio. Ningún turco de hoy se lamenta de la caída de Constantinopla en manos de sus propios ancestros. Saben que es su origen. El turco de hoy no es conquistado, sino descendiente de conquistadores.

El 13 de agosto de 1521, Hernán Cortés tomó Tenochtitlan. La ciudad estaba vacía; de los cien mil habitantes que quizás tuvo en sus días de gloria recién terminados, no quedaba uno solo. El último tlatoani había propuesto un suicidio colectivo y casi lo logra. Pero ninguna ciudad simbolizaba tanto el triunfo como la antigua metrópoli mexica, por lo que el conquistador decidió que fuera la capital del nuevo reino que él haría nacer.

Al día siguiente comenzaron a reconstruir, para lo que fue necesario repoblar, lo que sería imposible sin comunicar en los cuatro rincones del Anáhuac el fin de todo conflicto. No más guerra, no más sacrificio, no más antropofagia. Los sobrevivientes mexicas, junto a texcocanos y tlaxcaltecas, comenzaron a distribuirse en la zona lacustre, se fueron adaptando a los nuevos tiempos y comenzaron, sin saberlo, a dar forma a una nueva civilización.

Nada colaboró más al entendimiento de dos pueblos tan distintos y distantes que la conversión de los caciques indios a la religión de sus aliados triunfantes. Tuvieron con ello el único marco de referencia que pudo haber existido entre ellos y que fue vital para la construcción de algo completamente nuevo y radiante. Pero los mexicanos de hoy se lamentan de la caída de Tenochtitlan. No saben que ahí está su origen. Piensan que son herederos de los conquistados.

Las narrativas contra la realidad. Lo único con sentido es que cada mexicano de hoy, por el simple hecho de estar vivo en el México actual, es descendiente de conquistadores; sean estos indios o españoles, pero descendemos de los triunfadores, de los que juntos acabaron con el opresor más sanguinario que hubiera ocupado esas tierras, y que juntos comenzaron la construcción de algo nuevo. Es tan absurdo como si los turcos hablaran hoy de la conquista de Turquía, ahí donde estuvo su nacimiento.

Cien mil guerreros tomaron por asalto la ciudad de sus opresores dando con ello fin a un siglo de sometimiento y violencia. Cualquiera con salud mental celebraría eso, pero hemos permitido que se nos diga que tal evento es una tragedia, peor aún, la tragedia fundacional de un país que por lo tanto nace caído. No sólo nos contamos la historia del nacimiento de México como una batalla metafísica del bien contra el mal, sino que por la forma en que contamos dicha historia y el papel que damos a sus protagonistas, México es resultado de que el mal haya triunfado sobre el bien.

Es menester volver a lo de la salud mental. En qué tipo de historia el que extrae más de diez mil corazones al año es el bueno y el que termina con semejante barbarie es el malvado. No es justificar una supuesta conquista con el argumento de terminar con el salvajismo, es comprender que no hay conquista dado que todos los pueblos se unen a la tribu de los "caxtliltecas"[20] precisamente para terminar con esa oscura y sanguinaria opresión.

[20] Así se refieren los hablantes del náhuatl al grupo de Cortés, lo que señala que la identidad de esta gente gira en torno al reino de Castilla que a la idea de España.

Cien mil guerreros tomaron Tenochtitlan y el noventa y nueve por ciento de ellos eran indios de América. ¿Cómo va a ser eso la conquista de México? Una vez que se ha comprendido que los mexicas sólo representan doscientos años en una historia de tres milenios, que eran a lo mucho doscientos mil en un mundo de poco más de diez millones, y que ocupaban tan sólo una ciudad dentro de una zona cultural de un millón de kilómetros cuadrados, lo anterior es insostenible.

Pero pareciera que sólo los mexicas son México y eso deja completamente afuera al noventa y ocho por ciento de la población de aquella América. ¿Por qué no cuentan más en esta historia todos los pueblos que libremente optaron por una alianza con Cortés, extendida a Carlos I y a España? ¿Por qué su liberación e independencia resulta ser en realidad una conquista?

Se habla mucho de que los españoles eran sólo un puñado de aventureros que llegaron a un suelo que no era el suyo, lo poblaron, lo llevaron de sus costumbres y establecieron a su Dios. Pero resulta que eso mismo fueron los mexicas apenas doscientos años antes; era una tribu nómada, venían de fuera, del lejano norte; se establecieron y poblaron, impusieron sus muy cuestionables costumbres y finalmente a su sanguinario dios.

¿Por qué eso no es una conquista? ¿Por qué la llegada al poder de los antropófagos no es una tragedia y sí lo es el momento en que todos los oprimidos y devorados se liberan de ellos? ¿Qué tipo de mente perturbada puede sostener una versión así de torcida? Ese es el terrible poder de las narrativas y la profunda enfermedad psicológica de los hispanohablantes, porque este esquema se repite en toda Hispanoamérica.

Cien mil guerreros tomaron Tenochtitlan, prácticamente todos eran de tierras americanas. Al día siguiente de la caída de la ciudad del opresor todos celebraban. Dos días tardó la noticia en llegar a Tlaxcallan, y hasta el día de hoy cada 15 de agosto es la noche en que Tlaxcala nunca duerme. El ambiente era de fiesta.

¿Qué exigía el nuevo poderoso? El poder nunca termina y sólo cambia de manos; qué se podía esperar del inesperado triunfo de ese puñado de extraños llegados desde otro mundo.

Cortés comenzó a trabajar de inmediato y lo primero fue mandar noticias. Pero qué noticias transmitir. No es que los pueblos de ese mundo tuvieran en ese momento la capacidad de comprender a cabalidad el acontecimiento gigantesco que estaban protagonizando. La noticia fue simple. Hay un nuevo señor que vive al otro lado del mar, y su representante se ha establecido en el lago. Los tributos seguirán siendo enviados allí.

Eso es fácil de comprender. Todo cambia pero nada cambia. Es decir, ya no hay mexicas, pero hay alguien en la ciudad isla a donde seguiremos enviando los tributos. Pero muchas cosas cambiaron y la primera y más importante es que deja de haber tributo en sangre, se acaba la guerra florida, se acaba de hecho todo tipo de guerra, pues ahora todos son parte de lo mismo, eventualmente la cristiandad, y todos son súbditos de un nuevo gran señor, aparentemente llamado *Reydoncarlos*, que, al parecer, los tratará con mucho más benevolencia.

Cortés comenzó a trabajar. Además de enviar embajadores a todo rumbo para dar las buenas nuevas, mandó también exploradores para comenzar a conocer el territorio, sus posibilidades económicas, los pueblos que lo habitan y la perspectiva de extenderse más allá de lo que dominaban los mexicas.

Lo siguiente que hizo con ayuda de doña Marina fue revisar los informes donde se detallaban los tributos, para comenzar a hacer cuentas y dirigir una administración central. Aquí operaba en realidad una transformación que ninguno de dichos pueblos tenía la capacidad de comprender porque quedaba fuera de toda experiencia: cambiar el tributo por impuesto.

Es importantísimo comprender esa diferencia para entender a su vez que sólo la presencia de estos españoles pudo sentar las bases de lo que eventualmente sería un Estado moderno. El impuesto es parte inherente de un pacto social y una relación de vasallaje; es decir, tú le das algo al rey, pero el rey debe darte algo a ti.

Es toma y daca. Doy lealtad, reconocimiento y hasta parte de mi riqueza, pero a cambio recibo algo; en este caso la incorporación a una estructura social, política y legal que fija reglas claras, reconoce derechos y norma las relaciones. Por encima de todo, la legitimidad teórica del Estado desde el siglo XVI hasta hoy: seguridad y sobrevivencia.

El tributo es una obligación por el hecho de existir. Es honrar, alabar y agasajar a tu señor por el simple hecho de ser tu señor. Porque para eso nacieron en esa relación existencial, él es superior y uno es inferior. No hay pacto o acuerdo, sino imposición ontológica. El tributo es una obligación que no otorga derecho alguno. No doy, me quitan.

Y si la máxima legitimidad teórica del Estado, la esencia misma del pacto social, es la seguridad y la subsistencia, queda evidente por qué la cultura mexica no tenía la menor posibilidad de generar un pacto social y un Estado. Son el señor superior, el agasajado, el que impone y el que quita. Por encima de todo, no garantizarán jamás la seguridad y la subsistencia, precisamente porque todo su sistema gira en torno a extraer corazones.

Dentro de los relatos utópicos se habla de que no existía en el mundo mexica la propiedad privada; y eso que puede parecer tan romántico, idealizado y hasta marxista, significa el culmen de la opresión: todo es del tlatoani, de la nobleza y de la casta de los guerreros, que son una gran familia. Los demás no tienen nada, como en el socialismo de hoy. Nada es tuyo en una sociedad así, todo es bondad del tlatoani.

La invitación de Cortés a todo cacique indígena, antes y después de la caída de Tenochtitlan, era aceptar dos cosas: el cristianismo y el vasallaje al rey don Carlos. Del cristianismo se hablará en breve, pero comprendamos lo del vasallaje, una de esas palabras cuyo significado original es difícil de comprender en tiempos modernos, donde simplemente no existe una sociedad como aquellas en las que había pacto de vasallaje.

Rendir vasallaje significa reconocer a alguien como tu Señor, en el esquema político del que se hable. Es un vínculo de fidelidad y dependencia de una persona con respecto a otra, relación que por un lado es vertical, pues reconoce un arriba y un abajo y la correspondiente subsunción de uno al otro, pero una relación así genera siempre interdependencia, y de toda interdependencia surgen eventualmente pactos y acuerdos.

Eso se puede hacer en cualquier ámbito, reconocer a un chamán supremo a cuyo poder doblegarse, sentarte a los pies de un maestro budista y obligarte con él, y desde luego reconocer a un superior como tu señor, *princeps*, rey, emperador, señoría, excelencia, abad o gran maestre.

El vasallaje reconoce la necesidad mutua y la interdependencia, incluso si uno reconoce a su señor como superior; incluye pactos y acuerdos que eventualmente se convierten en derechos para los cuales tienen que surgir leyes y garantizarse la justicia. Ser parte de todo eso está detrás de la idea de rendir vasallaje al rey de España.

A los pueblos que llevan un siglo dominados por los mexicas se les está ofreciendo un pacto diferente, uno que incluye obligaciones, pero también derechos, uno que incluye la protección de un monarca que por las ideas de la época, y las suyas propias, se ve a sí mismo como un gran padre, y como tal debe ser severo, y benevolente. Un padre que protege y tiene reglas, uno que establece procedimientos incluso para quejarte ante él de su propio quehacer.

Nadie en el Anáhuac había visto eso. No es de extrañar que les resultase atractivo. La mayor parte de los pueblos se declararon súbditos de la Corona española y de Carlos I. No es un tema de sumisión o conquista, sino de ser reconocidos en igualdad con cualquier otro súbdito, comenzando por el español. Es integrarse en el Estado moderno que se está formando, el primer Estado mundial, la primera globalización, una humanista y no como la que vivimos hoy en día.

Cada uno de esos caciques indios vivió teniendo un Señor, muchos de los cuales, a su vez, tenían a su Señor, que, indudablemente, estaba por debajo del Gran Señor. Reconocer a Carlos V no era algo extraño ni una idea descabellada. Era otro señor, evidentemente más poderoso, visto los logros de su gente, tan lejano e invisible como cualquier otro, pero al parecer más justo; un señor que proponía una relación con respeto de arriba abajo, leyes y no caprichos, y que ponía fin de manera definitiva al sacrificio humano.

Los caciques locales fueron comprendiendo que al declararse súbditos se incorporaban, con sus títulos y jerarquías, en la estructura de un gobierno que reconocía ese señorío y que otorgaba propiedad. Conforme las estructuras legales de España fueron permeando en América comenzaron a surgir títulos de propiedad… ¡para los indios! ¿Qué conquistador entrega títulos legales de propiedad a sus conquistados?

En el caso de este lugar, al que ya podemos llamar Nueva España, nombre propuesto por el conquistador al sacro emperador, el reconocimiento a don Carlos implicaba necesariamente la otra cosa que Cortés promovía entre los caciques, la cristianización. Todo súbdito de la monarquía universal era necesariamente católico.

Todo vasallaje implica gestos y símbolos, como besar la mano, el anillo o el manto; y en este caso el gesto fundamental de esta nueva relación era el bautismo. Nuevamente podemos ver lamentos de conquista si es lo que preferimos ver, y hablar de sometimiento mental en las garras de la Iglesia, de coerción y sometimiento o de conquista espiritual, pero de nuevo y como siempre, es necesario conocer los tiempos, sus costumbres, sus ideas y las mentes de sus individuos.

Del lado español hablamos de un tiempo y un lugar donde la cristiandad era algo más que una religión. La religión era parte de la cristiandad, que era toda la cultura y forma de ver el mundo. No era tan sólo creer en un Dios y en la doctrina de su Iglesia. Incluía la idea del mundo y del hombre, la ética y la estética, arquitectura, música y pintura; filosofía y raciocinio, historia y tradiciones, protocolos sociales y formas de comportamiento, valores, principios y hasta la forma de comer y la manera de vestirse.

Es complicado comprender la fe en nuestros días, y más aún que en algún tiempo tuvo valor y construyó civilizaciones. De hecho, nuestra negada civilización hispana es quizás el último gran ejemplo de un mundo entero construido con la motivación de la fe. Hoy es fascismo de ultraderecha hablar de fe…, en religiones, porque la fe ciega en ideologías es casi una iluminación.

No se habla de fe en un Dios y sus preceptos y menos aún de la Iglesia católica, que evidentemente son parte indisoluble de esta historia, pero lo verdaderamente importante es cómo vive y piensa la gente, como actúa y con qué aspiraciones, cuáles son sus sueños e ideales, a qué aspiran, qué los inspira y qué los mueve para luchar. Por qué gran valor estarían dispuestos a dar la vida. Todo eso está detrás de la idea de fe. A nivel más coloquial implica también la forma en que el individuo vive su vida cotidiana; si es alegre o no, si tiene confianza en el futuro, si busca en sus acciones un sentido para la existencia. Si está dispuesto a ver en el otro a un igual que tiene alma y no puede, por tanto, ser esclavizado.

Es difícil saber hoy lo que atravesaba la mente de estos exploradores; es casi imposible saber si luchaban por Castilla o por España, o si acaso veían ya alguna diferencia en esos nombres; no sabemos si luchaban por un país o por un rey, si la lealtad está más en la patria o en su señor, si la cruzada por la Corona o por Dios. Probablemente esta gente tenía un poco de todo eso en su cabeza, pero la principal motivación, fuerza y voluntad de ese tiempo era Dios.

Del lado mexica —y nahua y mesoamericano en general—, la religión es todo. La cultura gira en torno a los dioses, la civilización crece en torno a centros ceremoniales mucho más que a ciudades, que surgen por añadidura. Es una maravillosa versión antigua de la visión religiosa donde el hombre se sabe cocreador del mundo, y por lo tanto debe tener una relación activa con los dioses.

No han llegado al concepto de omnipotencia y por eso sus poderosísimas deidades requieren de cualquier forma de la participación humana. Todo gira en torno a la religión y, por lo tanto, a los chamanes y sacerdotes, y en este caso al sacrificio humano. Conservan un rasgo que también se puede ver en el antiguo Egipto y en Platón por añadidura; la idea de que este mundo es un reflejo sombrío del mundo divino, un templo del cosmos, una manifestación imperfecta de lo Inmanifiesto y perfecto.

Hay mucho más destino que libertad y lo que ocurre en la tierra es reflejo de lo que ocurre en el cielo. Si un pueblo vence a otro acá en el mundo, es porque sus dioses se han enfrentado y el primero ha resultado victorioso. Recibir a un pueblo implica la atención de recibir a su dios, razón por la que se permite a Cortés poner imágenes en el Templo Mayor. No hay una religión oficial puesto que todo es en realidad religión.

Los mexicas y los demás pueblos de los valles centrales aceptaron al Dios de los españoles con facilidad, pues era evidentemente uno victorioso, pero no comprendían en ese momento, y quizás no lo quisieron hacer nunca, que eso implicaba renunciar a todos los demás, muchos de ellos ancestrales y queridos. Los pueblos politeístas nunca han tenido problema en recibir e incorporar un nuevo dios, pero los monoteístas nunca han buscado ser simplemente incorporados. Su Dios debe ser único y absoluto.

Eso pudo generar una gran colisión que no se dio gracias a la pronta llegada de los franciscanos, de la que ya se hablará. Los pueblos mesoamericanos recibieron al Dios y a la diosa (porque eso ha sido siempre Guadalupe) de los cristianos, desde ahí comienza la historia del catolicismo suigéneris, pagano, politeísta y profundamente mágico, colorido y folclórico de México.

Así, la mayor parte de los líderes indígenas no vieron conflicto alguno en pasar por el ritual del bautismo. Era aceptar el Dios de sus aliados españoles, y con Él a su rey. Era también incorporarse a su mundo y sumarse a su civilización. Era el bautismo lo que hacía posible el entendimiento, era lo que los hacía ser parte de un mismo todo, era lo que los hacía iguales, y en aquellos confusos comienzos, y así lo comprendió Cortes, era la forma de evitar la tentación de la esclavitud indígena. Más allá de leyes, un cristiano no podía esclavizar a otro cristiano.

Es importante recordar aquí que sí había esclavitud entre los indígenas de América. Más allá de religión y religiones, de dioses, cultos y guerras floridas, en el Nuevo Mundo se esclavizaban unos a otros. Por vicisitudes extrañas de las narrativas, sólo es grave la esclavitud de indios por parte de los españoles, la que no existió.

Ser parte del mismo todo concedía finalmente derechos. En el *Códice Osuna*, un documento indígena novohispano, se detallan los pormenores de un juicio donde pueblos indios demandan al virrey Luis de Velasco en 1563, por lo que consideraban abusos por parte de la autoridad.

Al incorporarse a la monarquía universal a través del vasallaje y el bautismo, los señores indígenas consideran legítima la autoridad del monarca español. Por eso Carlos I y Felipe II aparecen en Cuzco como incas del Perú. ¿Hubo abusos en este nuevo estado de cosas? Desde luego, los seres humanos hemos abusado unos de otros desde el inicio de la civilización y quizás un poco antes.

Abusaban españoles de españoles, indios de indios, y todos entre sí sin miramiento ni discriminación. Había abusos, y leyes contra ellos, así como caminos y procedimientos legales. Cincuenta años antes el abuso era ser sacrificado y no había forma de demandar a los mexicas.

Siempre se ha argumentado que las leyes humanistas españolas no importan, dado que en América nadie las cumplía. Además de ser evidentemente una falacia, volvemos al impulso narrativo de quitar mérito a todo lo que provenga de España; esa es finalmente la narrativa que se ha impuesto del siglo XVIII en adelante por las potencias que eventualmente desplazaron o derrotaron a España: Francia e Inglaterra.

La mayor parte de las personas cumplían las leyes, y algunas las rompían, como desde el antiguo Egipto hasta hoy. Pero las leyes no dejan de hablar del espíritu de un pueblo, de sus altos ideales y de su visión de Dios, del mundo y del hombre. Y las leyes españolas buscan justicia entre los hombres y equidad entre la autoridad y el pueblo, dado que son resultado de un complejo proceso de guerra santa en la que iba surgiendo una red de señoríos y se construía una de lealtades. Siempre con acuerdo y pacto entre señor y vasallo.

Buscar vasallaje y bautismo era indispensable para Cortés, pues no había otra forma de pacificar el territorio y comenzar la construcción de algo nuevo. No había un ejército español en Nueva España y no lo hubo hasta el siglo XVIII, para defender a indios y españoles de los ingleses que buscaban invadir nuestro reino.

El ejército que tomó Tenochtitlan era de indios y ellos no tenían la menor intención de moverse de sus lugares para explorar o conquistar; convencer más adelante a los tlaxcaltecas de colonizar el norte implicó una fuerte transacción con el Virreinato. Así las cosas, la opción era negociar y convencer. El gran guerrero que había derrotado a los poderosos mexicas te invitaba a incorporarte en sus dominios como súbdito de don Carlos; evidentemente prometía que eso era beneficioso y conveniente.

Los valles centrales de Mesoamérica estaban poblados por gente civilizada; esto es, establecida en ciudad con todo lo que ello implica, con más comodidades, pero más trabajo; más seguridad, pero más sometimiento; más jerarquía y control, pero mucho más orden y con ello una vida más estable. Los españoles no llegan ante ellos como bárbaros invasores y ellos prefieren no luchar y ver qué ofrecen estos guerreros victoriosos que proponen un nuevo acuerdo.

La mayor parte de los pueblos pactaron. Otros siguen en rebelión hasta hoy. Lentamente se fueron incorporando a la cultura hispana, que evidentemente será transformada. La mayor maravilla de América es que toda ella se parece a España, pero no es España, y cada rincón de ella se parece entre sí, pero son siempre diferentes. El útero americano gestó diversas manifestaciones con la semilla española en cada rincón de las Indias.

Había incertidumbre al día siguiente de la conquista, también los mexicas se presentaron como libertadores tiempo atrás y la opresión de Azcapotzalco palideció frente a la suya. ¿Eran confiables los extraños del otro lado del mar? De momento el panorama parecía esperanzador y hasta con confianza en el futuro, conceptos simplemente desconocidos entre la gente común de los pueblos antiguos.

Pero era imposible para esas personas comprender la magnitud de las transformaciones que estaban por operarse en su mundo. Fue un choque tremendo e implacable de la naciente modernidad contra una versión de la antigüedad remota que había quedado suspendida en el tiempo al centro de un continente aislado del resto del mundo.

No tenían cómo saber lo que iba a pasar. Cierto que cincuenta años después de "la conquista" había colegios, hospitales, templos, acueductos y demás, pero es igual de cierto que todas esas bondades iban sustituyendo poco a poco todo aquello que ellos y sus ancestros hubiesen creado.

Su estructura tribal cayó vertiginosamente para convertirse de un día para otro en un Estado moderno, en la provincia más rica de un imperio que dominaba medio mundo, justo cuando para ellos el mundo acababa de crecer de forma estrepitosa. Estaban de pronto en el corazón económico de España y en el cruce de caminos más importante de las rutas comerciales de la globalización que se empezaba a construir. No hay forma de dar ese paso sin trauma e impacto.

Pero hubo muchos indios que se adaptaron de manera pronta y eficiente, porque hay mentes brillantes y adaptables en todo tiempo y lugar, y los hubo entre los macehuales y entre los pipiltin.[21]

Los nobles vieron en la adaptación una consolidación de su poder al ser parte de una estructura que los reconocía formalmente. Los señores indios no perdieron sus señoríos. Convertirse a la religión de los españoles y seguir sus rituales era algo absolutamente aceptable que, además de generar ese reconocimiento desde una autoridad superior, daba la legitimidad necesaria hacia con los súbditos.

Muchos indios nobles permanecieron como terratenientes de sus propios pueblos, y así hasta las reformas borbónicas y la Independencia; y esos evolucionaron poco, pues poco cambió su mundo y su actividad, recoger rentas por las tierras. Pero parte de esa nobleza que era muy religiosa

[21] El macehual es el plebeyo del mundo mesoamericano y el pipiltin es el noble Señor.

se vio atraída por la naciente vida conventual, y en esos centros de saber, porque ya será necesario comprender que eso eran, se convirtieron en los grandes sabios, intelectuales, eruditos y hasta místicos de una gran tradición indígena novohispana. Estudiaron trívium y cuadrívium, latín y teología, filosofía y literatura.

Los macehuales tuvieron muchas más dificultades para prosperar y sobresalir como ocurre en toda sociedad desde el inicio de la historia que tenga nobles y plebeyos. Es como los plebeyos españoles, que tuvieron que dejar su tierra, atravesar un océano arriesgando la vida, para establecerse en un montón de islas remotas a trabajar de sol a sol, para mejorar su vida.

Pero los plebeyos indios también prosperaron, no como caciques justo porque no son nobles, muy poco como eruditos porque tenían menos acceso a la educación, pero hubo indios hacendados que se hicieron ricos y no fue del todo extraño ver a españoles como sus siervos. Muchos evolucionaron como comerciantes, otros fueron aventureros y hasta lucharon contra piratas japoneses y coreanos en Filipinas, una buena cantidad fueron artistas, y muchos de ellos en conjunto con los españoles construyeron catedrales y acueductos y conquistaron y colonizaron el lejano norte.

Muchos no se adaptaron. Desde españoles que no podían con el rigor y se volvían al Caribe o a España, hasta los pueblos indios alejados, que en general ya eran rebeldes contra todo poder desde antes. Lugares de difícil acceso como Oaxaca y Yucatán tuvieron a pueblos que no vieron a los españoles hasta el siglo XVII. Algunos se convirtieron en parte de México sin haber sabido nunca que habían sido Nueva España.

El lugar más complicado fue la frontera con los chichimecas, terminaba la civilización y comenzaba el mundo de los bárbaros, las tribus de guerreros nómadas. Antes de 1521, los pueblos de los valles centrales jamás hubieran pensando en migrar a semejante lugar, pero hay vetas de oro y plata y ahora es necesario colonizar.

Los chichimecas estuvieron en guerra con los españoles como lo estuvieron con los mexicas y antes con los toltecas y más atrás con Teotihuacan. No tiene que ver con México o España ni con libertad o conquista o con españoles e indios. Toda civilización ha tenido sus bárbaros del norte, siempre luchan, siempre asedian y siempre hacen caer ciudades, como pasó con Roma, Teotihuacan y Tula. Con el tiempo, los chichimecas también se pacificaron a cambio de acuerdos simples como comida y suministros. Los nómadas no quieren más.

Al día siguiente de la conquista todo era incertidumbre. Los blancos extraños eran violentos y salvajes, su actitud era agresiva, tomaban sin más como si tuvieran derecho, pero Cortés los tuvo que poner en orden, pues tenía claro que debía repartir entre todos los aliados, y texcocanos y tlaxcaltecas querían su parte.

La mayor parte de los hombres de Cortés eran extremeños, si algo podía seducirlos era un buen pedazo de tierra, un campo para ser labriego y señor, y esos no estaban en la zona lacustre, lo cual fue ampliamente ventajoso para el conquistador. Por otro lado, la nobleza mexica, tlaxcalteca y texcocana era nobleza administrativa, buscan seguir siendo y, en realidad, resultan las personas ideales para construir una nueva administración.

Cortés tiene que repartir entre todos y las circunstancias hacen que pueda dar a cada uno lo que quiere. Algunos españoles tendrán solares en la plaza mayor para establecerse y ser parte del naciente gobierno, pero los más optarán por tierras afuera de la zona, zonas que finalmente es necesario poner a producir. Los pipiltin no quieren tierras, sino mantener su dominio en las ciudades del lago y los valles aledaños, y eso es justo lo que tendrán.

Con esto comienza la construcción de una estructura que ya podrá ser considerada un país. Hay un gobierno central que toma decisiones pensando en un proyecto a largo plazo y que debe preocuparse de la sustentabilidad del proyecto, hay impuesto, que no tributo, y comienza a notarse en forma de reconstrucción, creación de infraestructura y los siempre mentados hospitales, además de templos, conventos y, en su momento, catedrales.

Con caballos, carros de ruedas y construcción de nuevos caminos se activan redes de comercio que nunca habían existido y pueblos siempre desconocidos se conocen y pueden intercambiar entre sí sin miedo. Dicho comercio incluirá productos y servicios que la población local desconocía por completo, desde hacer minería hasta transformar la agricultura, aprender de cero ganadería y con ello las artes ecuestres hasta eventualmente dar nacimiento a la charrería de México.

Hay paz y se terminó el sacrificio humano; pueblos antes enemigos comienzan el lento aprendizaje de convivir que algunos no han culminado; se produce campo como nunca antes, se transporta comida con mayor rapidez, se construyen ciudades desde cero, nacen nuevas artes y oficios, los indios aprenden medicina europea y los frailes herbolaria americana.

Pocos años después de la caída de Tenochtitlan nadie ha sido conquistado, hasta los nobles mexicas siguen siendo señores, y los macehuales ciertamente serán tan plebeyos como siempre, por lo que su realidad casi no se transformó. Cada Altépetl sigue existiendo, trabajando y produciendo, pero con yunta de bueyes en vez de coa se produce diez veces más alimento.

No había sometimiento o tristeza al día siguiente de la conquista. Hay desconcierto, pero hay confianza, hay recelo por el otro, pero se va superando, hay matrimonio y mestizaje. Hay hijos que nunca habían existido, con rasgos nunca vistos y colores insospechados. Hay una nueva fe que le gusta a los pueblos y muchos indios incorporados a un Estado moderno que nace. Hay un señor diferente, igual de invisible que los tlatoanis, al otro lado del mundo.

CORTÉS TLATOANI

Al día siguiente de la conquista Hernán Cortés era amo y señor. Eso es un hecho, pero el hecho es inexplicable y más aún sorprendente. ¿Cuál es para ese momento la legitimidad del conquistador, de dónde emana su autoridad?

De origen, Cortés era el patrón en una expedición que él sufragó con su fortuna y que era básicamente una empresa. Desde entonces, la obediencia y lealtad de sus asalariados era la que se le tiene a un caballero feudal o a un gran señor. Hablamos del incomprensible fenómeno de carisma.

Una vez que Cortés llegó con sus barcos y tocó tierra para fundar la Villa Rica de la Verdadera Cruz, en 1519, lo hizo en nombre del rey don Carlos y su tripulación erigida en ayuntamiento de la ciudad lo nombró por elección Justicia Mayor y Capitán General; es decir que se sometieron voluntariamente a él y le entregaron prácticamente sus vidas.

Ante los tlaxcaltecas se presentó con la mentira de ser embajador del rey don Carlos, pero el liderazgo que le reconocieron sus nuevos aliados fue en su calidad de gran líder de su tribu, de notable guerrero, seguramente también por su carisma y, ante todo, porque se convirtió en el símbolo de la única victoria posible, venganza, por decirlo como es, contra los mexicas.

Pero sus decisiones y actuares los pusieron a todos en peligro, y la mitad del grupo, ya con aliados indios integrados, perdió la vida en la noche triste. En ese momento de máxima debilidad logró que el grupo de abatidos supervivientes lo viera no como el hombre responsable de la muerte de la mitad del grupo, sino como el único capaz de hacer sobrevivir a la mitad restante.

Fue el líder indiscutible del gran ejército que tomó por asalto la ciudad de los mexicas, a pesar de que los contingentes eran de indios guerreros que lo habían sido toda su vida, con comandantes probados a diario en el campo de batalla. Uno pensaría que un ejército de cien mil guerreros donde sólo mil son españoles podría triunfar contra los mexicas sin el apoyo de Cortés, y en definitiva así es. Pero nunca lo habían hecho.

Decenas de miles de guerreros que hubieran podido triunfar sin Cortés, pero que nunca lo habían siquiera intentado, lo reconocieron como líder absoluto tras la caída de Tenochtitlan. No le disputaron el mando líderes guerreros con decenas de hombres a su mando, no lo hizo Xicoténcatl el viejo, líder de Tlaxcallan; su hijo que sí lo hizo murió ajusticiado. No lo cuestionaron los jefes de Altépetl aledaños y de momento no lo cuestionó Su Majestad imperial, que lo hará después.

A partir de 1521, Cortés es de facto el gobernante de la naciente Nueva España y su tarea primordial es reconstruir, repartir mucho, desde el botín hasta las tierras y responsabilidades, títulos y recompensas; y desde luego, administrar todo eso. Rige también las relaciones sociales, principalmente las de los españoles con sus aliados indios; se convirtió, de hecho, en su gran protector y más de una vez despertó la ira de sus compatriotas.

Tiene el mando. Así lo reconoce su gente mientras que los indios y sus caciques lo ven simplemente como tlatoani, incluso mandan embajadas a presentar a sus hijas para desposarlas con Cortés, a pesar de que Cuauhtémoc seguía oficialmente en el mando de su ciudad y su gente. Cada señor mandaba en su propia ciudad y Cortés era el símbolo del poder ante el que se doblegaban dichos señores.

Pero había levantado ámpula, pisado cayos y lastimado egos. Había dejado fuera del negocio, porque eso era de origen por lo menos en teoría, a Diego de Velázquez; había dejado tuerto a Pánfilo de Narváez y había impedido desembarcos de Francisco de Garay, gobernador de Jamaica, en las costas del Golfo. Todo lo hizo desde el principio en nombre del rey, pero también ante el rey lo demandaron los anteriores.

Era difícil para don Carlos. Cortés había conquistado una ciudad, abrió las puertas de un nuevo mundo y estaba construyendo un reino. Todo eso era muy bueno, pero muy malo. Todo lo hizo en nombre de Su Majestad, todo quedó notariado, y todo fue legal si torcemos un poco la legalidad. Además, tiene el mérito y eso es innegable…, pero es un granuja que se saltó los cauces establecidos para crecer, esos caminos que los demás sí están haciendo con paciencia, aunque precisamente por eso jamás habrían logrado crear Nueva España. Le pasó al emperador lo mismo que a Velázquez, Cortés le agradaba y le causaba al mismo tiempo mucho resquemor.

Cortés había estado escribiendo cartas a su rey pormenorizando su aventura, le propuso el nombre de Nueva España de la Mar Océano; y en un acto de pragmatismo, Su Majestad lo nombró gobernador en 1522. Pero la necesidad de gobernar y administrar ese imperio global que estaba naciendo hizo que Carlos se decantara por enviar gente de su entera confianza a tomar control de aquello que Cortés había descubierto, conquistado, creado o lo que fuera.

La verdad sea dicha, el rey no terminaba de dimensionar aquello que Hernán Cortés estaba integrando a la Corona, no tenía cómo hacerlo desde el centro de Europa si ni el propio Cortés terminaba de comprenderlo estando ahí. El emperador del mundo aún no veía ahí la provincia rica y poderosa de un reino, pero sí una fuente de recursos naturales que podría financiar su eterna guerra contra los turcos.

Cortés fue siempre la autoridad para su gente y el tlatoani de los caciques indios, pero nuevos españoles comenzaban a llegar a establecerse sin profesar esa lealtad, algunos de sus antiguos leales, junto a algunos caciques, comenzaron a conspirar, y los burócratas comenzaron a llegar en forma de funcionarios del tesoro. Evidentemente don Carlos sólo veía de momento una fuente de riqueza.

Cortés se rindió a la burocracia con mucha mayor facilidad que ante los mexicas, y comenzó el momento más misterioso e inexplicable de su vida: caminó por dos años hacia Centroamérica. Había enviado a Cristóbal de Olid a navegar a las Hibueras, y con el argumento de castigarlo por traicionarlo con el gobernador de Cuba, organizó una expedición a pie al territorio hoy conocido como Honduras.

Ciertamente castigó a Olid, quien fue apresado y ejecutado, pero Cortés simplemente abandonó Nueva España en manos de conspiradores y burócratas de poca monta. Estaba hastiado. El conquistador caminó por dos años, del verano de 1524 al de 1526, por la selva centroamericana, para después, nada más llegar a la costa de Honduras, tomar un barco de vuelta a Nueva España.

En ese viaje fue ejecutado Cuauhtémoc. Cortés lo llevaba con él en el viaje para que no levantara una rebeldía en Tenochtitlan, lo cual evidentemente no hizo, pero la levantó en el viaje. El recorrido estaba lleno de penurias y sacrificios y el tlatoani quiso aprovechar el descontento para fomentar la rebelión y el asesinato de Cortés, pero otros dos nobles mexicas, bautizados como Juan Velázquez Tlacotzin y Andrés de Tapia Motelchiuh, descubrieron la conspiración y alertaron de ella al conquistador.

Cuauhtémoc fue entregado por los suyos. Fue acusado de traición y ejecutado, colgado como bandido en una ceiba de la selva. Mala muerte le dio Hernán Cortés, que si quería ajusticiarlo debió de hacerlo como a un noble y a un guerrero. Tiempo atrás, al ser entregado a Cortés, el tlatoani le arrebató la daga que llevaba al cinto, y tras hacer un elogio de la defensa que hizo de su pueblo, le pidió que lo matara.

No lo hizo Hernán Cortés, y un choque de culturas lo incapacitó para poder comprender lo que estaba ocurriendo. El gran guerrero luchó con honor hasta el final y no hay deshonra en caer entregando la vida, pero la muerte debe ser la de un guerrero sagrado, y en el caso de un mexica implicaba un sacrificio. El perdón cristiano de Cortés que lo recibe con un abrazo es un insulto.

Años después conocía mucho más la cultura el conquistador como para dar muerte digna a Cuauhtémoc. Pero esa no fue la derrota del último tlatoani que ya marchaba aniquilado en lo más profundo de su corazón. Cuauhtémoc jamás aceptó lo que estaba ocurriendo, él vivió la resistencia en su interior hasta el último instante de su existencia, pero vio a la nobleza recibir el agua del bautismo y tomar nombres cristianos mientras intentaban comprender algo de la lengua de los españoles.

Cuauhtémoc vio cómo el sol volvió a salir una y mil veces sin sacrificios a Huitzilopochtli y cómo las cosechas se multiplicaban sin holocaustos a Xipe Tótec; llovía y se aprovechaba el agua sin vidas ofrecidas a Tláloc. La vida seguía su curso tras la debacle mexica, pero ningún pueblo parecía mortificarse mucho. Vio cómo fueron todos menos ellos mismos los que sobrevivieron al fin del mundo.

Cuauhtémoc representa muchas cosas. El coraje guerrero de un pueblo sagrado y la lucha ferviente hasta el final, pero también y por lo mismo simboliza la negación de la realidad. Todo su mundo cayó y comenzó a transformarse vertiginosamente de la noche a la mañana, y hasta sus propias profecías hablaban de su inevitable fin del mundo. Pero nunca lo aceptó. Si hubiera matado a Cortés en 1525 y regresado a Tenochtitlan no hubiera encontrado ya nada que reclamar y a nadie que se levantara para hacerlo.

Moctezuma representa quizás la aceptación. Es místico y religioso, si no estaba en combate estaba en meditación y sacrificios personales. Es sacerdote y sabio de los códices, le obsesionan las profecías y espera el regreso de Quetzalcóatl. Todo su mundo comienza a desmoronarse con la presencia de Hernán Cortés hasta que finalmente se rinde al peso de la realidad. Lo que está ocurriendo lo rebasa por completo, no está siquiera cercano a su órbita de control. Está ocurriendo algo que nada ni nadie puede detener. México era inevitable.

Era 1528. Regresó Cortés a una Tenochtitlan poblada por indios, y con unos diez mil españoles tratando de adaptarse a vivir entre algunos de ellos en la isla, otros en las zonas de tierra firme como Coyoacán, donde tenía casa el conquistador y doña Marina; unos más en Veracruz y otras costas del Golfo, pocos más en el camino. Diez mil españoles y millones de indios, y la viruela comenzando una catástrofe demográfica.

Una serie de tesoreros y administradores gobernaron el nuevo reino hasta la instalación de una Real Audiencia creada en 1528 con Nuño de Guzmán como presidente. Fueron años oscuros y difíciles, muchos de los primeros conquistadores fueron encarcelados o enjuiciados, se cobraron venganzas, y lo más importante de todo, por más que estuviese prohibido esclavizar, esa gente esclavizaba. No ves igual al indio cuando junto a él te jugaste la vida y quizás te la salvó, que siendo un recién llegado que busca cosechar donde no sembró nunca.

Hubo esclavitud y guerra. Guzmán formó tropas para tomar pueblos con la única intención de encontrar botín humano. Decenas de miles de hombres, niños y mujeres fueron vendidos y comprados en esos oscuros momentos; por si fuera poco, un tribunal inquisitorial decidió juzgar y quemar a cuatro caciques indios por herejes, por más que Cortés insistía en que era improcedente juzgar como hereje a un neófito de la religión, y menos aún ajusticiarlo.

La obsesión de esta gente sí era el oro; era como volver a tiempos de Colón en el Caribe. Sólo importa el oro y los métodos para obtenerlo no serán cuestionados. Hubo violencia, caos, conquista y maltrato. El exceso llegó a grado tal que el primer obispo de Nueva España, fray Juan de Zumárraga, excomulgó a Nuño de Guzmán, lo denunció ante las autoridades y viajó a España a testificar contra él. Finalmente había sido nombrado, además de arzobispo, como protector de los indios.

Cuando Cortés volvió en 1526 no tardaron en informarlo de todos los desmanes ocurridos, y si bien intentó restablecer su orden, los dos años que abandonó su propio reino cobraron la factura política. Cortés seguía siendo el líder de su gente y el tlatoani de los indios, pero en definitiva ya no era el gobernante de Nueva España.

Hernán estaba inconforme con todo el rumbo que habían tomado los acontecimientos. Él proponía a Su muy Católica y Cesárea Majestad un pacto muy simple, pero más de un mundo románticamente medieval que del moderno: una Nueva España independiente, reconociendo siempre a don Carlos como rey y enviando su quinto real, pero sin mayor interferencia.

Su inconformidad y su tentación de presentar el caso ante el rey en persona eran una motivación para viajar a

España, aunque muy poca gana tenía en realidad el conquistador. Pero un juicio contra él y la muerte de su padre lo hicieron emprender el regreso a su patria original en 1528. Tenía cuarenta y tres años y llevaba catorce fuera de Castilla.

Su viaje duró dos años y fue gratificante y fructífero. Fue recibido en Sevilla por los más altos nobles de España, precedidos por el duque de Medina Sidonia, quien lo alojó en su palacio. Recibió discursos laudatorios y todo tipo de honores, fue a múltiples banquetes en su honor y no se cansó de contar una y otra vez sus historias. Sus *Cartas de relación* se habían publicado en toda Europa y eran el gran éxito de ventas. Cortés era como un héroe de la mitología griega.

Además de las remontadas a su ego, el viaje fue fecundo en todo lo demás también. Fue al monasterio de Guadalupe a agradecer la fortuna; enfermó, estuvo por morir y se recuperó; visitó al emperador en Toledo y éste le devolvió la visita en su propia casa; tuvo audiencia privada con él, recibió el título de Marqués del Valle, y se casó con Juana de Zúñiga, parienta de la casa real y parte de la alta nobleza.

El rey despojó oficialmente a Cortés del título de Justicia Mayor que le diera su tripulación en 1519, y de todo nombramiento que lo relacionara con el nuevo gobierno en Nueva España, aunque sí lo dejó como líder militar de futuras expediciones, le encomendó de manera especial explorar los litorales occidentales del reino y buscar rutas de navegación a Asia.

Su gran logro fue ser nombrado Marqués del Valle de Oaxaca y, sobre todo, que el emperador dejara que fuera él mismo el que definiera los límites territoriales de su marquesado, que iba del istmo de Tehuantepec a la Ciudad de México y que abarcaba poco menos de la mitad de la naciente Nueva España.

Pero el rey da y el rey quita; y mientras colmó a Cortés de honores y lo dotó de un marquesado inconmensurable, al mismo tiempo envió misivas a las nuevas autoridades del reino previniéndoles de despojar de todo lo posible al conquistador, no dejarlo ejercer sus facultades y negarle la entrada en México Tenochtitlan.

A esa Nueva España regresó Cortés en 1530. Una en la que aún se mantenía en el poder Nuño de Guzmán en medio de un círculo de violencia y corruptelas que terminó con la disolución formal de la Audiencia el 23 de diciembre de ese mismo año, para ser sustituida por una segunda presidida por Sebastián Ramírez de Fuenleal, un religioso que mejoró considerablemente el gobierno, frenó notablemente la violencia, y que llegó a ser obispo de Cuenca y de León al final de sus días.

Nuño Beltrán fue destituido, pero no terminaron sus andanzas por un tiempo. Con el pretexto de civilizar el norte comenzó una serie de campañas militares, encabezadas por españoles y con ejércitos de decenas de miles de indios. Cada una fue una desgracia para la población local allí donde llegaba; arrasó con todo a su paso en los actuales estados de Jalisco, Colima, Aguascalientes, Nayarit, Sinaloa, Zacatecas, San Luis Potosí y Durango.

Al estilo de Colón, comenzó a extorsionar a jefes indios y a ejecutarlos si no reunían determinadas cantidades de oro; robó alimentos, despojó cultivos completos, estableció impuestos arbitrarios y su palabra era ley. Incluso le robó barcos a Cortés mientras éste exploraba el Pacífico, según las instrucciones de su rey.

Tanto españoles como indios denunciaron a Guzmán por su arbitrariedad y violencia; la segunda Audiencia comenzó a revisar su caso, y ya bajo el gobierno del primer virrey, Antonio de Mendoza, se inició un proceso en su contra. La Corona resolvió enjuiciarlo, fue encontrado "gravemente responsable", por lo que se le quitó toda autoridad y gobierno sobre provincia alguna y se le remitió con grilletes a España, donde murió encarcelado en el Castillo de Torrejón de Velasco en 1558.

Entre los cargos de los que se acusó a Nuño Beltrán de Guzmán se encuentra el cobro de tributos en Huejotzingo en 1531, siendo propiedad de Cortés. El cobro de estos tributos se hizo con violencia, como atestiguaron tres indígenas, quienes confirmaron las acusaciones y atestiguaron el cobro de tributo indebido y los servicios ilegales exigidos por Guzmán. También se le procesó por ordenar, sin proceso alguno, la ejecución del rey Tangaxoan de Michoacán, el poderoso imperio del Occidente de Mesoamérica, quizás más poderoso que el mexica, y que había pactado la integración con los españoles.

En fin, que un español resultó violento y abusivo, y tras ser demandado por los indios y requerido por la Corona, fue juzgado y terminó el resto de sus días pagando sus culpas en prisión. Cadena perpetua. Esa no parece precisamente una relación de conquista, pero es una de tantas historias que no se cuentan en ningún lado del océano sobre lo que comenzó a construirse tras la caída de Tenochtitlan.

Por su parte, Cortés hizo lo que pudo por adaptarse a sus nuevas circunstancias y decidió establecer la sede de su marquesado en Cuernavaca, al sur de la Ciudad de México, en la zona más fértil de Nueva España, donde se construyó un palacio que imitaba al de Diego Colón en Santo Domingo.

Desde allí llegó hasta Acapulco y el hoy llamado Puerto Marqués, construyó astilleros y trató de hacer contacto con su primo Francisco Pizarro en Perú, plantó vides y experimentó con el vino, y exploró la costa del Pacífico hasta descubrir la península de California.

En eso estaba, alejándose de los temas del poder lo más posible, cuando en 1535 le llegó la noticia de que un tal Antonio de Mendoza había arribado a la capital con credenciales de virrey, y solicitaba en encuentro con el conquistador. Comienza la historia del Virreinato de la Nueva España.

CONQUISTAR EL ESPÍRITU DE TODO UN PUEBLO

Al día siguiente de la conquista los españoles impusieron a su Dios en todo un continente y por encima de docenas de pueblos. Con ello la victoria quedaba consumada, pues el sometimiento mental generado por la Iglesia adormecería para siempre la conciencia de los indios que no tendrían ya más opción que ser súbditos sometidos y domeñados.

Trágica como todas las historias sobre América, la de la conquista espiritual es quizás la más desquiciada de todas ellas. Ya lo había lamentado la diosa Cihuacóatl, nuestros dioses mueren y nosotros moriremos con ellos. No queda nada más por hacer, una civilización conquistada en lo material era ahora despojada también de su alma más profunda para no poder despertar más.

Es hilarante de principio a fin. O lo sería si no fuera peligrosa además de falsa. Primero y como siempre tenemos la evidencia que reluce frente a nosotros en los pueblos indios y mestizos de México que todos los años hacen fiestas, procesiones y todo tipo de celebraciones para honrar a Dios, a la virgen y al apóstol Santiago, junto a toda otra colección de santos.

No depende de que uno sea o no creyente, sea en la religión formal o en sus manifestaciones populares; ni siquiera en estar o no de acuerdo con ellas como parte de lo que somos. Es lo que somos porque es nuestra historia, y en México somos resultado de esa fusión de pueblos. Esa cosmovisión y religiosidad, resultado del encuentro entre América y España, es la columna vertebral de nuestra cultura popular y alma de nuestra civilización.

Estar en cualquiera de esas festividades es como vivirla en Sevilla. En medio de calles, callejones y callejuelas barrocas y multicolores, cofradías de fieles devotos jolgoriosamente engalanados cargando pesadas imágenes, música, bailes y fiesta; procesiones interminables, las casas abiertas y las personas repartiendo alimentos y bebidas, las campanas repicando…, y los creyentes felices y orgullosos de su tradición. No parecen estar obligados a hacer sus fiestas sagradas.

Todo es demasiado católico, pero es también muy de otras cosas. Cuando los pueblos de América fueron recibiendo a los frailes españoles, tomando el bautismo y recibiendo así a su Dios, no asumían que con ello dejaban a sus antiguos dioses. Había lugar para uno más. Dado que no hubo ejércitos guerreros ni de frailes que tuvieran la fuerza de ir por todo un mundo imponiendo la fe, no queda más opción que adaptar costumbres, entrelazar historias, permitir el sincretismo y relajar el concepto de herejía.

Todos los dioses comenzaron a coexistir. De alguna forma el Dios católico fue tomando el lugar de Moyocoyatzin,

Inventor de Sí Mismo, mientras que la Virgen y las vírgenes, así con docenas de advocaciones como llegan de España, se van integrando con las diversas advocaciones de Tonantzin, nuestra venerable madrecita del panteón náhuatl. Jesús tomó primacía ahí donde prevalecían Huitzilopochtli, Quetzalcóatl o Tezcatlipoca; y el resto de los santos no tardó en ir encontrando su sitio con el resto de los dioses.

Se habla mucho de que después de la "conquista" se comenzaron a construir templos encima de las pirámides por todo lo largo de América, como símbolo inequívoco de este sometimiento sagrado, y una vez más lo digo, son reducciones al simplismo. Se siguió construyendo templo sobre templo como en la historia de la humanidad.

Las pirámides no eran templos, sino escalinatas para llegar a los templos. El lugar que marca la unión del cielo y la tierra. Esas grandes moles de piedra ven pasar el tiempo hasta hoy, indestructibles como tienden a ser dichas construcciones; los adoratorios, de piedras, cal, madera y palma casi siempre desaparecieron.

Ya era tradición de los pueblos americanos construir templo sobre templo, como es evidente en el Templo Mayor de Tenochtitlan, o la pirámide de Cholula, en cuyas actuales ruinas se puede ver precisamente cómo una etapa del templo era totalmente cubierta para edificar otro templo encima.

Al día siguiente de la caída de Tenochtitlan la construcción de templos no se detuvo, dado que los dos pueblos protagonistas del encuentro son profundamente religiosos, pero ahora éstos tienen otro estilo y otras formas. Los pueblos aliados de los españoles seguirán construyendo templo sobre templo, sólo que ahora la diferencia será más notable, pues queda una iglesia de cruz latina sobre un basamento piramidal. La capilla en la cima de la pirámide de Cholula puede ser lo que uno quiera, un signo de opresión religiosa, o de una hermosa continuidad.

También hay que decir que la pirámide cholulteca en cuestión, la más grande del mundo en cuanto a volumen se refiere, con base de cuatrocientos metros por lado, ya era un cerro cubierto de piedra y pasto a la llegada de los españoles, pues la ciudad vivía su última decadencia y la pirámide ya había sido obstruida por la propia naturaleza.

Indios y españoles nunca dejaron de construir, sólo que realizaron obras mucho más sofisticadas; porque sí, el gótico y el barroco sí son más complejos que las construcciones mesoamericanas. Construyeron ciudades, colegios, hospitales, universidades, caminos, acueductos y templos; todo eso requería de piedras y muchos de los templos antiguos fueron usados como canteras. Justo como ya pasaba.

Se construyó con lo que ya había, otra constante de la historia de la civilización que es convertida en tragedia en el caso americano. Hay una catedral católica en medio y encima de la mezquita de Córdoba que, al parecer, fue construida sobre un templo cristiano, hay ruinas romanas o visigodas sobre casi cualquier templo español, así como pirámides nahuas sobre las edificaciones de sus antecesores otomíes.

La Basílica de San Pedro está levantada sobre catacumbas y ruinas de templos a dioses antiguos; las mezquitas de la India sobre templos hindúes y los templos españoles sobre mezquitas. Santa Sofía fue basílica, mezquita, museo y de nuevo mezquita, hay templos romanos sobre templos griegos y fenicios, así como templos cristianos sobre ruinas romanas. Dentro de dicha dinámica universal, la Catedral Metropolitana de la Ciudad de México fue construida con piedras del Templo Mayor y sobre el adoratorio de la Serpiente Emplumada.

Adentro de Catedral siguen viviendo todos los dioses con otro nombre y nueva imagen, como adentro de cada templo católico del siglo XVI viven hasta hoy dioses paganos e ídolos de piedra. Siempre ha sido así. Allí está la virgen mezclada con Coatlicue o Chimalma, cristos blancos donde habitaba Quetzalcóatl, pero negros donde el señor era Tezcatlipoca; hay conventos dedicados a san Juan Bautista allí donde dominaba Tláloc y adoratorios a san Isidro Labrador allí donde había oblaciones a Xochipilli, dios de las flores.

Cada templo de Nueva España fue construido por y para indios y por eso nace el barroco mestizo, que nada pide al europeo en técnica y esplendor. Querubines tlaxcaltecas en el templo de Santa María Tonantzintla,[22] o dragones mitológicos en las paredes del Convento de Ixmiquilpan, acueductos con glifos prehispánicos contando historias antiguas y escamas de serpiente emplumada sustituyendo a triglifos y métopas en las fachadas.

Los retablos bañados en oro, metal que evidentemente se quedó en América, frescos y pinturas monumentales,

[22] Nombre muy bonito. Tonantzin quiere decir Nuestra venerable madrecita, diosa madre primigenia de los pueblos nahuas asimilada a la virgen María. El templo aludido se dedicó a Santa María nuestra venerable madrecita. Mestizaje puro.

altorrelieves con motivos fitozoomorfos evidentemente locales, música sacra compuesta y ejecutada en instrumentos europeos por los indios americanos. Eran ellos quienes construían, decoraban y realizaban el arte. Nada de eso lo hace por la fuerza un pueblo conquistado.

Nueva España tiene una innovación fascinante dentro de toda esta historia, un sello de la casa: los conventos con atrios sacralizados. Una vez a la llegada de los misioneros comenzaron a construir conventos con la ayuda de los locales; el problema era que, una vez terminado y listo para el servicio religioso, los indios no querían entrar.

No se entraba a los templos antiguos. Las pirámides no tienen un adentro y los adoratorios en las cimas están reservados para el sacerdote. No querían entrar, nadie quiere estar en el interior de un adoratorio a Huitzilopochtli, ni mucho menos estar en presencia de esos oscuros sacerdotes chamanes, pintados con sangre y cenizas y extasiados por brebajes.

El hombre común no entraba al templo antes de la llegada de los españoles y no iban a hacerlo ahora. Su relación con los dioses era muy diferente y basada en el terror; no era fácil para los frailes hablar del Dios de amor y compasión. Dado que los indios no entraban a los templos, la solución fue llevar el adoratorio afuera: grandes patios con enormes cruces de piedra al centro, con capillas en las esquinas y consagrados como parte del inmueble. La celebración religiosa comenzó a ser para todos.

Hay un detalle más que se pasa por alto. Vamos a asumir que tras la llamada conquista comienza una campaña intensa de desmantelamiento de templos paganos para construir catedrales, como un símbolo más de sumisión. Esos templos y esa actividad constructiva estuvieron ahí por tres siglos; luego llegó la independencia, la tan ansiada libertad, y nadie, criollos, mestizos o indios, comenzó a desmontar iglesias para recuperar las pirámides arrebatas por los españoles.

Nadie en el México del siglo XIX, o en el de hoy, busca llevar a cabo ese importantísimo acto de desagravio al desmontar templos para hacer pirámides y volver a los poco amorosos brazos de Huitzilopochtli; renunciar a Jesús, la virgencita, san Juditas o Diosito porque ahora que somos libres podemos recuperar "nuestros" cultos originales.

Pero más allá de la sempiterna evidencia refulgiendo frente a nosotros, pero opacada por las narrativas, vayamos también a los intricados caminos del devenir histórico. Lo primero es recordar que el papa Alejandro VI básicamente obsequió el Nuevo Mundo a los reyes católicos, y esa entrega se justificó con una misión, llevar la palabra de Dios a los pueblos que nuestro Señor había mantenido aislados para preservar su inocencia. Justo ahí comenzó la leyenda del buen salvaje en la utopía americana, partiendo de la falacia de que el individuo humano es contaminado en su alma y corazón por fuerzas exógenas.

Evangelizar es el pretexto para sostener la colonización de un continente y el gobierno sobre él, pero volvamos a la necesidad de comprender las mentes de cada tiempo. No es un pretexto perverso para dominar las almas con la oscuridad medieval de la Iglesia, es realmente una visión y un lance; así lo ven las personas de ese tiempo, aventureros y frailes, de Cortés a Zumárraga y el propio don Carlos, quien se vio como un caballero de la cristiandad.

Cortés llegó en 1519 acompañado de dos frailes cuya labor no es predicar entre los nativos, sino atender espiritualmente a los exploradores. Estos frailes bautizarán a doña Marina y a las demás mujeres, que eran bautizadas para que no fueran sujeto de esclavitud y para que pudieran casarse con españoles. Cortés no preguntaba a sus hombres, bautizaba y casaba para tejer alianzas en un territorio al que había llegado para quedarse. Esos frailes no hicieron conquista espiritual.

La fecha principalísima es mayo de 1524, cuando, a petición expresa de Cortés a don Carlos, llegaron doce predicadores mendicantes de la orden de San Francisco; prácticamente un ejército religioso listo para someter con sus sayales y cordones a millones de indígenas que, evidentemente, no pueden hacer nada al respecto.

Cada una de estas narrativas falta profundamente al respeto a esos pueblos indios, pues no deja de ubicarlos como niños. Nada logran y nada pueden, en todo son entes pasivos que se dedican a observar con resignación cómo todo su mundo y su historia les es arteramente arrebatado de las manos por un hato de encapuchados. Los obligan a creer y creen, los obligan a trabajar y trabajan, les imponen dogma y no lo cuestionan, callan y obedecen. Un nivel pasmoso e imposible sometimiento.

¡Que se hizo por la fuerza porque es una conquista! ¿Quién lo hizo por la fuerza? ¿Diez mil españoles en medio de millones de indios, cien mil un siglo después? ¿Frailes de sayal y de hábito? ¿Burócratas y administradores de la Corona? El ejército pudiera ser, pero no había ejército, porque ahí nunca ocurrió una conquista. No hay invasión o conquista, sino el tremendo choque de dos mundos que constituyen las raíces fundamentales de todo lo que somos.

Si así de lerdos eran esos pueblos, sólo es posible llegar a dos conclusiones entrelazadas, la primera, por eso fueron conquistados con tanta facilidad por un puñado de andrajosos, y en definitiva fue por su bien, porque evidentemente eran incapaces de sobrevivir por cuenta propia. La segunda, predicadores mendicantes llevaron a cabo el episodio más cruel y tiránico de la conquista, arrancar a las deidades locales para imponer su dogma y su Dios. Ridículo.

¡Pero llegó la Inquisición a quemar como vil hereje al que no se convertía! Eso no pasó nunca. El Tribunal del Santo Oficio se estableció en México en 1570, en gran medida para frenar abusos perpetrados por tribunales improvisados, como aquél que ordenó quemar al cacique de Texcoco, Carlos Ometochtzin, en 1528, y en gran medida como una provocación a Cortés. Se estableció en 1570 y desapareció con la Independencia en 1821.

Dos siglos y medio de existencia tuvo la Inquisición novohispana, y en ese largo devenir llevó a cabo cincuenta ejecuciones. Cincuenta en doscientos cincuenta años, una cada cinco años. De esas ejecuciones, cuatro se asignaron a indios, pues muy pronto se estableció el precepto de que éstos no quedaban bajo la jurisdicción inquisitorial; simplemente no podían ser juzgados, pues no eran herejes, sino neófitos.

Cuatro indígenas fueron quemados por la Inquisición en todo el Virreinato. No debió ser ninguno, es cierto, y sólo fueron cuatro. Fue producto de una decisión estúpida y de poca reflexión. Fue un error que se corrigió de inmediato. Cuatro en dos siglos y medio. Cuatro era un pésimo día para los mexicas.

Hay otra versión de la historia que podría tener lógica y sensatez, pero que nunca nos contamos. Quizás a los tlaxcaltecas, texcocanos, cholultecas, huexotzincas y demás pueblos nahuas les gustó la cultura y la religión de sus aliados. Sólo tal vez. Quizás por eso colaboraron, y dado que no había ejércitos, ni las tropas exterminadoras y armas de destrucción masiva como con las que fantasea Bartolomé de las Casas, probablemente así fue.

Ya se reflexionó el hecho de que, tras la caída de Tenochtitlan, los noventa y nueve mil guerreros no españoles bien pudieron ponerse de acuerdo para permanecer unidos y de una vez aniquilar también al conquistador. Pero no lo hicieron porque no había conquistador alguno; los caxtliltecas fueron aliados valiosísimos con los que valía la pena seguir contando, y juntos habían derrotado al único que en dicho momento era visto como conquistador; el mexica.

Quizás a los aliados indios les gustó la cultura de los españoles. Tienen armas, herramientas y conocimientos con los que ellos no habían ni soñado, una visión antropológica que los hace iguales en lo más profundo de su esencia, tecnología nunca antes vista, construyen cosas inimaginables, surcan los mares y tienen ideas que en el Nuevo Mundo son complemente novedosas, ideas que en el terreno político los hacen estar a todos bajo la protección de un gran señor que pone reglas claras. El convivio básico no está basado en la guerra y tienen una cosmovisión esperanzadora.

Tal vez a los pueblos indios les gustó la religión de sus aliados. Hoy todo lo que huela a religión apesta a Medioevo y no hay mayor moda que lanzar vituperios a la Iglesia católica a la menor provocación; tal vez los merecen, pero viajemos de nuevo a un siglo XVI en el que la lucha por la subsistencia diaria es más llevadera precisamente a raíz de la religión, tiempos en los que los hombres son movidos por la fe y los valores platónicos de bien, belleza y bondad aún son apreciados.

Dependiendo de la visión que entregue sobre el mundo, la religión puede ser liberadora. Quizás a los pueblos americanos les gustó la religión de sus aliados, más aún si la ven en comparación con lo que hay, y descubren que son visiones radicalmente opuestas. En una Dios quita la vida; en otra la da. Quizás no hay conquista espiritual en liberarte de las garras del dios guerrero de los mexicas.

Uno puede ser ateo hoy si así lo elige, hoy sí se puede, pero no se puede o debe ignorar que las grandes civilizaciones han sido construidas siempre con cimientos religiosos, y la visión de lo divino y de lo humano que de ello se desprenden. Podemos dar una visión mística al ritual de extraer corazones para el dios del sol y de la guerra; la tiene desde luego, y es interesante y profunda..., y mágica y supersticiosa, pero sigue siendo sacrificio humano y canibalismo, lo que no deja de hablar de la visión que se tiene del hombre, y del otro.

El otro no es como yo, el otro no es persona; por eso el otro es susceptible de ser sacrificado y puede ser con la más cruel y creativa violencia. No hay regla de oro desde luego, no existe siquiera la idea de tratar al otro como uno quisiera ser tratado, o de no infligir al otro dolores y sufrimientos que no querría para mí. El otro puede y debe ser asesinado en nombre de mi dios. El sufrimiento del otro no es mi problema, incluso si yo soy la causa. Vivo de su dolor.

Algo que no sabemos qué es hace existir al mundo, eso es común a todos los relatos politeístas; los dioses no crean el mundo, sino que ordenan un mundo que ya estaba ahí, sin que sepamos cómo, y que está sumergido en el caos. Los dioses civilizan, pero no crean, son inmortales, pero no eternos, son poderosos, pero no omnímodos. Los dioses también mueren y temen a la muerte.

Los dioses comparten el ansia humana de vivir por siempre, por eso deben hacer rituales sacrificiales, no necesariamente humanos, para mantener con vida a la existencia. Esos dioses siempre han necesitado del ser humano para dichas oblaciones. Griegos, romanos y judíos sacrificaban, egipcios y sumerios también, y lo hacían todos los pueblos de América. Todas las culturas han sacrificado, y muchas de ellas, a personas.

Dicho sacrificio existía en los pueblos mesoamericanos antes de la presencia de los mexicas; éste era, sin embargo, algo excepcional, normal en la forma de comprender el mundo, pero limitado. El sacrificio fundamental de los pueblos nahuas, principalmente adoradores de Quetzalcóatl, es el sacrificio personal; ayunos, meditaciones, privaciones y mortificaciones físicas.

Se sacrifica uno mismo con un estilo estoico, se ofrendan cantos y poesías, flores y frutas, promesas y proyectos, se entregan animales y, a veces, hay sacrificio humano. Es en ese oficio sagrado cuando se logra la común unión con lo divino y eso lo saben aquellos pueblos. Quetzalcóatl hizo emerger el maíz de la tierra y obsequió el néctar de los agaves a la humanidad; por eso los seguidores de la Serpiente Emplumada bebían pulque y comían "pan" de maíz para ser uno con Él.

Quetzalcóatl era hijo del cielo y la tierra, hijo de dios y una madre virgen; descendió del cielo a la tierra, de ahí al inframundo como sacrificio para crear a la humanidad, se enfrentó al dios de los muertos y resucitó. Se fue y prometió volver. No fue difícil para los predicadores encontrar similitudes con el relato cristiano. Se comulgaba con él con maíz y pulque, con compasión y actos piadosos y con sacrificios personales.

Pero llegaron los mexicas con Huitzilopochtli, lo hicieron hijo del cielo y la tierra, nacido de una madre virgen, lo hermanaron mitológicamente con Quetzalcóatl, lo hicieron dios del sol y centro del universo y decidieron que necesitaba sangre humana a diario para evitar así el colapso de la existencia.

También hay comunión con el dios mexica a través de carne y sangre. El prisionero es sacrificado y el pueblo comulga con su dios a través del sacerdote que bebe su sangre (corazón) y del tlatoani que come su carne (muslo). De esa comunión macabra depende la existencia del autodenominado pueblo del Sol, y de la subsistencia de dicho pueblo depende el universo mismo.

El cristianismo que llegará con los primeros frailes es legatario de una tradición que se remonta incluso varios siglos antes de Cristo, llega hasta los helenos y los israelitas, y si nos vamos a las raíces hondas y profundas llegaremos incluso al sacrificio humano, que podemos ver entre los griegos en leyendas como la de Acrisio entregando la vida de su hija Dánae, y desde luego entre hebreos en el pasaje donde el ángel pide a Jacob la vida de Isaac.

Si hubo entre los ancestros de las tribus de Israel el sacrificio humano, el capítulo del sacrificio de Isaac habla del momento crucial en que termina, una vez que se comprende la naturaleza simbólica del oficio sagrado, y se ofrece un cordero en el lugar de la víctima. El cristianismo lleva más allá la dimensión simbólica, Jesús se presenta como cordero porque es Él quien se sacrifica, y todo el ritual podrá ser representado con pan y con vino.

A ese nivel se compenetran las visiones que se encuentran en América. La tradición de los tlamatinime y el culto a Quetzalcóatl ya habían descubierto y exaltado los valores platónicos; son seres humanos que buscan bien, belleza y verdad y saben de la necesidad del sacrificio personal para lograrlo. Tienen alma y, por tanto, búsqueda espiritual e inclinaciones místicas. Ellos también buscan la común unión con Dios.

Tal vez a los pueblos indios de América les gustó la religión de sus aliados españoles. Quizás comprendieron lo sublime y sutil de sus simbolismos y eventualmente hasta lo profundo de su filosofía metafísica. Tal vez les agradó la idea de un Dios que ama y es compasivo, es fuente de vida y es quien se sacrifica por ti. Probablemente les gustó poder perseguir bien, belleza y bondad sin ese dulce olor a muerte.

Quizás a los aliados de los españoles les gustó la idea de dejar de ser sacrificados y devorados para dar vida al universo. Tal vez los predicadores sí conquistaron el espíritu de un pueblo.

LOS TODOTERRENO DE LAS INDIAS

Los predicadores conquistaron el espíritu de un pueblo a causa de una serie de virtudes y características que los hicieron ser los verdaderos creadores de un Nuevo Mundo, el agente de socialización entre todos los habitantes de los valles centrales y la fuerza de avanzada de la civilización en el lejano norte.

El 13 de mayo de 1524, doce hermanos menores de la orden de San Francisco llegaron al puerto de Veracruz, venían todos de Belvis de Monroy, feudo familiar de Cortés. Se dice que caminaron descalzos de allí a Sevilla, y tras cuatro meses de viaje a través del océano y entre las islas del Caribe, descalzos también de Veracruz a Tenochtitlan.

No eran los primeros religiosos en tocar suelo continental americano. Ya había naufragado en la costa maya Jerónimo de Aguilar, Cortés llegó con un par de frailes en su aventura original, y para 1521 don Carlos mandó a tres frailes flamencos, dos de los cuales murieron en la expedición de Cortés a las Hibueras. Pero estos doce franciscanos eran diferentes. Eran el verdadero comienzo de lo que estaba por nacer.

Los primeros frailes fueron para dar servicio religioso a los españoles, salvaguardar el orden y dejar al mínimo las blasfemias. Los doce franciscanos venían en misión especial como predicadores a los pueblos del Nuevo Mundo. Más franciscanos llegarán pronto y otras órdenes no tardarán en arribar; dominicos, agustinos y carmelitas, principalmente, y algo más adelante, jesuitas.

Toda la legitimidad para poblar el Nuevo Mundo e integrarlo a la monarquía española descansa en llevar la palabra de Dios, pero los conquistadores no quieren evangelizar, y no sabrían cómo hacerlo, no tienen ni la preparación mental ni la intelectual, y desde luego no pretenden tenerla. La gente que fue con Cortés tenía diversas motivaciones, y aunque todos iban impulsados por la fe, ninguno llevaba como lance predicar el evangelio.

Evangelizar era la legitimidad y la promesa, pero nadie se iba a dedicar a hacerlo. De hecho, hasta ese momento de la historia había servido tan sólo como pretexto para el sometimiento; llegaba un español al que se le daban tierras y los indios que las habitaban bajo el argumento de que trabajarían para él a cambio de una evangelización que nunca llegaba, y que la mayoría no estaba pidiendo. Se le llamó encomienda, funcionó desde los tiempos del Caribe y fue una forma disfrazada de esclavitud.

Enviar religiosos en misiones específicas era la única forma de cumplir la promesa y obligación evangelizadora, y al mismo tiempo ir acabando con esa primera forma de reparto que fue la encomienda, que era replicar el gastado feudalismo en América. Felipe II debió de enfrentar a la segunda generación, los hijos de los conquistadores, para arrebatarles las encomiendas de sus padres.

Los religiosos habían sido parte de la aventura del Nuevo Mundo desde el principio; como proveedores de servicios espirituales, como conciencia y freno de los españoles más salvajes, como fuerza moral, pero también como extensión del poder de la Corona, son los burócratas y administradores, los veedores y oidores, consejeros y asesores. Es importante recordar que los religiosos en aquellos tiempos son los estudiosos y los sabios del imperio español.

A los primeros franciscanos se les llama en la historia los doce apóstoles mexicanos y son el banderazo de salida de la evangelización de todo un continente. Nuevamente no tiene relación con que uno guste o no de la religión hoy, lo que está comenzando es una labor titánica, literalmente apoteósica, es el origen de todo lo que los hispanoamericanos somos actualmente, es el punto de partida de nuestra civilización.

Los frailes se destacaron por ser los vehículos todo terreno de la Nueva España. La palabra *fraile* puede de pronto remitirnos a un hombre en un sayal, con la cabeza gacha y rezando, sin algún otro aporte que hacer, y es todo lo contrario. Son los constructores de Nueva España —y de México, por añadidura—, situación que se replicó en todo el imperio naciente.

Los frailes trazaban caminos, construían vehículos y reparaban ruedas, hacían ropa y calzado, sembraban hortalizas y criaban animales, eran veterinarios y curanderos. Cavaban pozos, construían bombas de agua, hacían molinos, hornos y pan por añadidura; eran peleteros, orfebres y herreros. Los frailes construían acueductos, trazaban ciudades, cartografiaban el terreno, observaban el cielo y contaban los años, marcaban las estaciones y los tiempos de cosecha.

Los frailes del Nuevo Mundo hacían de todo. México está sembrado de conventos y monasterios, templos y catedrales, ciudades y acueductos gracias a los religiosos de las diversas órdenes. Tenemos retablos barrocos y nervaduras góticas como los mejores de España, columnas neoclásicas y salomónicas, frontones y frontispicios; órganos monumentales. Todo el arte de Hispanoamérica tiene una deuda con los frailes.

Eran ingenieros, arquitectos y cartógrafos, y como además tenían fe y habían hecho votos de obediencia, los frailes fueron la fuerza de avanzada perfecta para llevar a este Nuevo Mundo a los confines del norte. Que hubiera vetas de oro, plata y otros metales favoreció que tras los frailes hubiera migraciones.

Los primeros franciscanos se establecieron en la Ciudad de México; los que llegaron después lo hicieron en Tlacopan, Tlatelolco, Texcoco, alguna otra ciudad lacustre, o en la misma capital mexicana. Sin embargo, el lago era sólo el centro de un mundo inmenso y las misiones tenían que abarcar todo ese mundo. Era necesario comenzar a viajar. Dominicos y agustinos poblaron las sierras y las tierras lejanas.

Ninguna de estas órdenes mendicantes trabaja para la Corona, ni siquiera para la Iglesia. Tienen su regla aprobada, se mandan solas, crean comunidades de trabajo autosuficientes, viven de la gente, y no los mueve ni la idea de España o de imperio. Cada una a su forma ha desarrollado su ideas e ideales de una vida comunitaria cristiana que en Europa ya sería imposible tener. Cada una buscó su versión del paraíso.

Muchos frailes tenían vocación de prédica y fundaron misiones, los más intelectuales crearon colegios y se dedicaron a impartir educación humanista, al tiempo que aprendían ellos la lengua local. Los frailes fueron el principal vehículo de entendimiento entre los dos pueblos que se encontraban.

Varios frailes destacan en la historia de Nueva España y será injusto nombrar a unos, pues los más quedarán fuera, pero lo haremos porque sus vidas y obras son un ejemplo más de lo que se expone con tanta insistencia: no existe la conquista de México, sino su venturoso nacimiento.

Hernán Cortés se arrodilló ante Martín de Valencia y quiso besar su mano. Como el religioso no lo permitió, besó su hábito y el suelo que pisaba. Los indios no daban crédito a lo que veían. Se les había anunciado la llegada del primer grupo de sacerdotes de la religión de los españoles y estaban atemorizados por el terrorífico concepto que tenían de sacerdote. La humildad extrema de los franciscanos los dejó atónitos.

Cortés se postró y con él lo hizo su gente. Después los llevó a alojarse e iba barriendo el piso por el que pasarían los pies descalzos de los monjes. El conquistador y su gente eran todos gente ruda y fuerte; unos más compasivos que otros, pero todos severos e impetuosos, y todos se rendían al paso de ese grupo que difícilmente podría parecer más pobre. Misteriosamente era esa humildad plena la fuente de la que brotaba toda su autoridad.

Los indios lo entendieron pronto. Los recién llegados sí creían y practicaban aquello que los conquistadores y aventureros hablaban, y eran respetados justo por eso. Había llegado la verdadera autoridad, una que los españoles asumían que venía directamente del cielo. No era el poder político que Dios hace recaer en un monarca como derecho divino, sino la autoridad ética y moral que brota de un espíritu ejercitado y controlado. Eran los conquistadores de los conquistadores y sería mejor idea entenderse con ellos.

Hay relaciones incomprensibles en la historia que parecen incluso determinadas por karma o destino, como la de Isabel y Colón; así fue desde el primer momento la relación entre los religiosos y los pueblos indios. Se agradaron mutuamente. Los unos querían predicar y los otros atender, unos enseñar y otros aprender, se les propuso crear comunidades santas y muchos aceptaron.

Pero de nuevo hay que preguntarse por la docilidad de estas personas, máxime cuando no han dejado de contarse historias del carácter guerrero e indómito de los pueblos americanos. ¿Dónde está la lucha que corre por sus venas? ¿Por qué se entregan con tanta facilidad? ¿Qué pasa con la resistencia y la rebeldía?

Estas reflexiones nos llevan a comprender un poco más cómo funcionaban aquellas sociedades, lo cual seguramente ayudará a entender su verdadero estadio evolutivo y las posibilidades que tenían o no de seguir su desarrollo autónomo por cuenta propia. Tienen el alma sometida por sus guerreros y sus señores mucho antes de la llegada de Hernán Cortés.

Exploremos sin falsas idealizaciones. Los nahuas que comenzaron a llegar a los valles centrales de Mesoamérica hasta establecerse en ellos y llamarlos Anáhuac provenían del lejano norte, el de los pueblos nómadas y chamánicos, esos que aún tienen más relación con la naturaleza que con la sociedad y que conservan el totemismo como principal vínculo.

Tótem. El espíritu de un animal que guía y protege a la tribu. La tribu es seminómada, se establece por momentos en territorios que ofrecen subsistencia y luego siguen su camino. Son cazadores y recolectores; luchan tribus con otras por el espacio, y una vez establecidos en la frontera de la civilización se hacen feroces y temibles guerreros que saquean poblados cuando es necesario.

Su proceso migratorio comenzó por goteo en el siglo VI y eventualmente hicieron caer Teotihuacan; siguieron sus andanzas y andares, se establecieron en ciudades y centros ceremoniales ya existentes y abandonados, y con el paso del tiempo comenzaron a construir. Para el siglo XIII ya estaban todos asentados menos los mexicas. La ciudad, la agricultura y la sedentarización son cosas nuevas para ellos, que conservan sus rituales y prácticas chamánicas, así como la costumbre del saqueo, que ahora puede llevarse a cabo a gran escala.

En ese estado de cosas estaban cuando arribó el grupo de Cortés. Tenían poco tiempo de haberse civilizado, y los más salvajes de sus vecinos, establecidos al último, sometiéndolos a todos. ¿A qué vamos con esto? A que los fuertes, aguerridos e imbatibles son los guerreros, la casta que se ha hecho además sacerdotal y somete. Los grandes guerreros sacerdotes mexicas oprimen a todos los pueblos de los valles centrales, sí, pero comienzan con su propia gente.

El macehual estaba sometido en su mente antes de la llegada de los españoles. El paraíso que nos gusta imaginar de la inexistente América utópica sería a lo sumo para esa casta que mantiene el liderazgo. Ellos se bañan dos veces al día, tienen algunas mujeres y docenas de concubinas, tienen esclavos y sirvientes, viven en palacios de piedra y madera con manjares a su disposición, estudian códices y mitologías, hacen meditación y oración, saben música y poesía..., y todo esto sólo puede sostenerse sobre las espaldas de un pueblo plenamente sometido que trabaja de sol a sol para que sus guerreros sagrados vivan esa opulencia.

El plebeyo ya vivía con miedo ante sus señores antes de la llegada de Cortés; ellos estaban conquistados por su élite mexica que, a su vez, mantenía conquistados a los demás. Un grupo de corredores llevaba diariamente pescado fresco de Veracruz a la corte indígena, pero definitivamente el servicio no estaba disponible para todos.

Esa gente del pueblo no levantaba el rostro en presencia de sus señores, no les hablaban y no miraban a los ojos al tlatoani. Callaban y obedecían. Trabajan de sol a sol, se resignaban y se rendían, no cuestionaban sus tareas y mucho menos aún los designios de los dioses. En las batallas por la caída de Tenochtitlan y en el asedio final murieron principalmente los guerreros y nobles, los mandamases de legendaria braveza y poderío. Murieron los arrogantes pipiltin y sobrevivieron principalmente los macehuales.

Todo lo que se busca hacer comprender es que estas personas ya estaban sometidas y adormecidas en lo más profundo de su mente y su conciencia cuando comenzaron a llegar los españoles. Es lo único lógico y racional. Por eso su sumisión ante conquistadores y frailes es tan rápida y natural. En esas personas la llama de la voluntad había sido extinguida mucho tiempo atrás por su propia élite.

Hay mucho trabajo por hacer y los conquistadores no son amables. Los frailes lo serán un poco más, pero son también firmes y de mano dura, compasivos pero inquebrantables. Pero en ambos casos ese plebeyo se encuentra en mejor situación que la que tenía antes bajo un señor mexica, que era amo y señor de todo su ser y familia, tenía decisión de vida o muerte y dicha muerte podía ser terrible.

De pronto es muy difícil comprender hoy cómo en esos primeros días el indio agradecía en lo más profundo de su ser que la posibilidad de ser sacrificado y devorado no estaba ya presente. También es importante recordar que, aunque los mexicas hayan resultado ser los más crueles y sanguinarios, no es que los otros fueran pacifistas. En Tlaxcallan, Texcoco, Huexotzinco y demás pueblos, los macehuales vivían igual de sometidos por sus propios pipiltin.

¿Sobrevivió parte de la nobleza mexica además de la texcocana y la tlaxcalteca? Desde luego, pero siguieron siendo nobles. Seguían al mando en las ciudades y los barrios o se convirtieron en grandes estudiosos, eruditos y eventualmente maestros de las llamadas artes liberales. Otros más viajaron a España a recibir títulos y propiedades, como es el caso de los hijos de Moctezuma, cuyos descendientes aún ostentan la grandeza de España.

Los frailes trabajaron mucho en todos los frentes. Martín de Valencia, el líder, se dedicó más a la contemplación y a doblegar el carácter altivo de los propios españoles, otros tantos fundaron y dirigieron majestuosos conventos con prósperas misiones, otros tantos fueron maestros y otros más se dedicaron a indagar en el pasado de los pueblos, a aprender su lengua y a dejar registro escrito de su antigua sabiduría.

Martín de Jesús fue el gran evangelizador de Michoacán, cuyos reinos y señores habían pactado la incorporación a la Corona y ahora solicitaban frailes para llevar a cabo la integración necesaria. Fue guardián del hermoso convento de Tzintzuntzan y terminó sus días evangelizando Pátzcuaro. Antonio de Ciudad Rodrigo también hizo misión en el occidente y terminó siendo obispo de Guadalajara; Luis de Fuensalida fue el primero que se hizo docto en lenguas autóctonas y tradujo códices; Juan de Ribas enseñó filosofía; Francisco Jiménez se enfrentó a Nuño de Guzmán por la esclavitud de los indios; Andrés de Córdoba comenzó a colonizar el actual Jalisco, y García de Cisneros dirigió el Colegio de la Santa Cruz de Tlatelolco, primero fundado exprofeso como escuela para la nobleza indígena.

Todos destacaron, pero se hizo particularmente popular, y famosamente histórico, fray Toribio de Benavente. Cuentan que mientras los apóstoles caminaban, escuchaba a la gente a su alrededor exclamar con asombro, “motolinia, motolinia”; Toribio preguntó el significado de la expresión y le dijeron que era asombro ante su pobreza. Lo tomó como nombre y es conocido como Toribio de Benavente Motolinía.

¿Qué hizo Motolinía? De todo. Su vocación eran el estudio y la enseñanza, por lo que aprendió náhuatl, tradujo historias antiguas al español y obras clásicas a las lenguas locales, predicó la palabra y enseñó nuevos oficios. Fue guardián del Convento de San Francisco en Texcoco y más adelante del de Huexotzinco en Tlaxcallan, fundó los conventos en Coyoacán y en Xochimilco, todo esto antes de viajar a Guatemala entre 1527 y 1529, a pie desde luego, para volver a Cuernavaca, los dominios de Cortés, y construir un convento más.

Luego se trasladó a Tlaxcallan en 1530 y entre ese año y el siguiente se convirtió en uno de los fundadores de la ciudad de Puebla, a solicitud expresa de la emperatriz Isabel, la esposa de don Carlos, de fundar un lugar para españoles en los dominios de sus eternos aliados. De ahí viajó a Tehuantepec y Oaxaca a conocer la cultura de zapotecos y mixtecos, vio ciudades antiguas que ya entonces eran ruinas arqueológicas. Volvió a Guatemala, siempre en misión evangelizadora, de ahí fue a Yucatán y para 1536 estará nuevamente en Tlaxcallan como guardián del convento. Tiene 54 años y una energía imbatible.

Como obras y misiones deben ser vigiladas, en 1539 comenzó a caminar de nuevo, pasó por Yucatán y se estableció en Guatemala para dirigir la misión entre 1543 y 1545, buen momento para recordar que todas las zonas y provincias de las que hablamos están en una zona montañosa y volcánica, llena de ríos, en medio de la selva húmeda, sin animales de tiro, con pocos caminos y a veces a más de dos mil metros de altura sobre el nivel del mar.

En 1544 rechazó el cargo otorgado por Carlos I de ser obispo de Guatemala y Yucatán, pues prefería seguir en misiones. Hasta 1551 estuvo a cargo de la Provincia del Santo Evangelio en México, es decir, de coordinar la prédica en toda la zona del centro; y como aún no estaba suficientemente cansado viajó después al occidente, Michoacán y Jalisco, para coordinar los trabajos, y de ahí partió de nuevo a Puebla para colaborar en la construcción de un convento para la ciudad, así como de otros en las provincias de Atlixco y Tecamachalco, donde también fue guardián.

En sus tiempos libres Motolinía no dejaba de escribir. Como también fue perseguido por décadas por las propias autoridades virreinales, a causa de su celosa defensa de los indios, y su intensa campaña de que no pagaran diezmo o impuestos, la mayor parte de su obra está perdida; aunque es cognoscible en nuestros días gracias a otros frailes y eruditos como Bernardino de Sahagún o Jerónimo de Mendieta.

Escribió una *Historia de los Doce Primeros Padres*, que no se conserva; la *Doctrina Cristiana en Lengua Mexica*, escrito en náhuatl; *Calendario Mexicano*, donde analiza los simbolismos de la Piedra del Sol, y a lo largo de toda su vida elaboró una serie de escritos y estudios que fueron reunidos y han pasado a la posteridad como *Historia de los Indios*, donde habla de su llegada a estas tierras, su contacto con la religión local, su experiencia en el aprendizaje, las conversiones y las formas en que los pueblos fueron adaptando las fiestas propias a la tradición cristiana, y expone al final datos sobre geografía, flora y fauna.

Además, escribía cartas al emperador don Carlos; porque entre tantas actividades tuvo también tiempo de luchar contra los falsos defensores de indios que sólo usaban esos títulos y puestos para incrementar su ego, su poder, su fortuna y hasta su cava de vinos finos y costosos. Nunca dejó de luchar contra Bartolomé de las Casas y de denunciar sus falacias ante el rey. Hoy no deja de citarse a Bartolomé para hacer alarde de leyendas negras, pero nadie habla de todo lo que Motolinía dijo en contra suya.

Motolinía encarna un gran espíritu de la época. Los primeros frailes comprendieron que habían llegado a un mundo cuya cultura, oral y de piedra, pero valiosísima, no podría sobrevivir al choque de civilizaciones que estaba protagonizando, y se dedicaron a preservarla. Muchos fueron los que aprendieron náhuatl, otomí, maya y otras lenguas, hicieron gramática y diccionarios, traducciones y copias, registraron la historia y la sabiduría de tiempos antiguos y buscaron una conversión basada en la comprensión.

Dentro de esos gigantes no debe pasarse por alto el más grande y tristemente desconocido de todos, hablamos de fray Bernardino de Sahagún. Bernardo de Ribera nació en España con el cambio de siglo, en torno a 1499, y murió en Tlatelolco en 1590 tras pasar sesenta años estudiando y comprendiendo todo lo que pudo el mundo nahua.

Ingresó a la Universidad de Salamanca en 1520 y estudió gramática, latín, filosofía, teología, filología e historia; en 1527 decidió ingresar en la orden de San Francisco para dentro de ella dedicar su vida al estudio. Dos años después fue enviado dentro de un nuevo grupo de predicadores para ir a evangelizar a Nueva España. La aventura más grande de su vida estaba por comenzar.

Llegó al Nuevo Mundo en 1529 y lo establecieron en el convento de Tlalmanalco, entre México y Tlaxcallan, para luego ser guardián del Convento de Xochimilco. A causa de la fama de la mente brillante del joven fraile, se le encomendó fundar y dirigir un colegio para la enseñanza de la nobleza indígena y el intercambio de conocimientos; el resultado fue la creación del Colegio de la Santa Cruz de Santiago Tlatelolco, donde enseñó latín el resto de su compleja carrera.

El Colegio buscaba la instrucción académica de la nobleza india como una forma de integración cultural; entre más se cristianizaran, hispanizaran y latinizaran esos nobles pipiltin, mucho más sencillo sería integrar una cultura con ellos y sus respectivos plebeyos. Comprendiendo el pensamiento de aquella gente, así como sus estructuras sociales, el objetivo siempre fue esa difícil integración. No hay forma de hablar aquí de genocidios.

Con interrupciones derivadas de su intenso peregrinar, y más intenso trabajo intelectual, fray Bernardino estuvo vinculado al Colegio hasta su muerte. El religioso comenzó la formación e instrucción de discípulos hasta descubrir que también necesitaba maestros, si es que quería comprender la inmensa y profunda sabiduría de aquellas tradiciones místicas y ancestrales.

Así, pues, Bernardino reunió a un grupo de informantes con los que trabajó hasta el final de sus días y de los que aprendió todo lo que pudo. El Colegio fue más bien un templo de intercambio cultural. Los indios aprendían español, latín y griego, pero Sahagún aprendía náhuatl; ellos estudiaban Platón y escolástica, pero aquél aprendió las "flores y cantos",[23] aquellos aprendían medicina europea, mientras el fraile realizó el tratado de herbolaria tradicional más importante de la historia.

Sahagún comprendió con rapidez que si bien España tenía un regalo que ofrecer a los pueblos americanos, también había un tesoro que recibir si se estaba dispuesto a ello. Él lo recibió sin duda y lo transmitió a todas las generaciones venideras en forma de una obra monumental, de doce volúmenes, escrita directamente en náhuatl y abarcando todos los campos del conocimiento. Hoy se conoce como *Historia general de las cosas de la Nueva España.*

Muy pronto comprendió Sahagún la imposibilidad de simplemente arrebatar una cosmovisión e imponer otra. En efecto, un pueblo muere cuando sus dioses lo hacen. Fray Bernardino decidió que la opción era aprender náhuatl, pues sólo en la lengua en que fue construida una religión y su visión del mundo es posible comprenderla; comprender la religión antigua en náhuatl, explicársela a sí mismo desde su visión cristiana, buscar las similitudes y las oportunidades de sincretismo, para entonces poder hablar a los indios de cristianismo y buscar convencerlos.

[23] Flor y canto, en náhuatl "in xochitl in cuicatl", era la forma en que los tlamatinime se referían a los textos y enseñanzas de poesía, música, arte y filosofía de su mundo.

Hablando de legados mutuos y de hermandad entre pueblos, de tesoros compartidos, el más conocido de los informantes de Sahagún se llamó Antonio Valeriano, y es particularmente conocido en México (tristemente poco) por ser el autor del célebre *Nican Mopohua*, un texto de 1556 en el que habla por primera vez de las apariciones guadalupanas; un texto simple, pero poético, breve, pero profundo, inocente, pero revelador, que será la base de la espiritualidad mexicana hasta hoy.

En el mismo colegio y también educado por Sahagún tenemos a un gran artista cuya máxima aportación a la mexicanidad tristemente nunca será reconocida. Hablamos del indio Marcos Cipactli de Aquino, pintor de gran talento que en 1556 era conocido, porque entonces sí que lo era, por ser el autor del lienzo guadalupano.

Es un tema que no tiene caso debatir porque es tradición y fe. Guadalupe es el milagro mexicano con o sin indio Juan Diego, con o sin apariciones, y me parece que con o sin lienzo milagroso, porque más allá de todo eso siempre está viva y presente en el alma mexicana. Esto, una vez más, no depende de que uno sea creyente o no. Guadalupe es un misterio.

Bernardino de Sahagún pasó por los conventos de Xochimilco, Huexotzinco y Cholula, fue misionero en Puebla y en Tula, así como visitador en Michoacán. A partir de 1547, se fue concentrando cada vez más en el trabajo con sus informantes y la creación de su obra, trabajo intelectual que, al igual que a Motolinía, le supuso muchos problemas con las autoridades, ya que veían demasiada exaltación del pasado pagano en los pensamientos de Sahagún.

Sus trabajos fueron confiscados por orden de la Corona, pues se consideró que su valoración, aceptación y respeto de las costumbres ancestrales podría dificultar el proceso de cristianización. Lo hacía, en efecto, más difícil que la burda imposición violenta, pero lo volvía sin duda mucho más funcional, máxime de que la fe, bien lo sabía el religioso, nunca debe imponerse.

Andrés de Olmos conoció a Juan de Zumárraga en 1528, cuando éste se encontraba en España denunciando a Nuño de Guzmán, y lo convenció de ir a predicar a Nueva España. Coincidirá mucho con Sahagún, pues se movió entre los conventos de Texcoco, Cuernavaca y Tlaxcallan, así como en el Colegio de Tlatelolco, donde también fue profesor.

Entre 1524 y 1529 se dedicó a la construcción del convento de Acolman, franciscano, que fue cedido a los agustinos en 1536. En su portada tiene los sellos de ambas órdenes. Pero su principal y más valioso aporte es que dedicó su vida a la comprensión de la lengua náhuatl y es el primero en publicar una gramática completa de dicha lengua. Esas cosas no ocurren en una conquista.

Terminaremos este recorrido entre frailes e historia con un brinco de dos siglos al futuro, para descubrir que esta actividad y esta visión de lo que debía hacer España se extendió prácticamente hasta el final de la historia de los virreinatos. Llega el momento a fray Junípero Serra.

San Junípero Serra nació en Mallorca en 1713 y entregó la vida en la alta California en 1784. Gracias a su vida y obra es que los mexicanos del siglo XXI podemos quejarnos del territorio que nos robaron los gringos y enfrentarnos a una de nuestras tantas contradicciones. Méndigos españoles que llegaron y nos conquistaron, los mexicas eran perfectos y todo lo demás, pero su dominio o de cualquier otra tribu no llegó nunca más allá de lo que hoy es la zona central del país, y si aquellas lejanas provincias formaron parte del naciente México es porque hasta allá España arribó a finales del siglo XVIII, y el primero en hacerlo fue, precisamente, Junípero Serra, quien zarpó rumbo a Nueva España en 1749, junto a otros veinte misioneros franciscanos.

Serra comenzó su labor en un colegio de misioneros de la Ciudad de México, pero a los seis meses recibió la autorización de ir a fundar misiones a pueblos recónditos de la serranía a donde doscientos años después de la muerte de Cortés no había llegado aún una buena cristianización. San Junípero partió a la Sierra Gorda, al norte de la ciudad de Querétaro, donde ya habían fracasado en su intento otros franciscanos, y decidió que la fe y la doctrina serían mejor recibidas si venían con mejoramiento de la vida material y cotidiana de los habitantes; ayudarlos a alimentar el cuerpo antes de centrarse en el espíritu.

Con eso en mente comenzó a fomentar técnicas agrícolas, ganadería y comercio, y fundó cinco misiones en las que levantó conventos que funcionaban a la vez como escuelas y centros sociales en general. Se estableció en Xalpan, y desde ahí en los siguientes nueve años fundó misiones ahí y en Landa, Tilaco, Tancoyol y Concá. El conjunto de misiones de la Sierra Gorda son hoy patrimonio cultural de la Unesco; buen momento para recordar que más de la mitad del patrimonio cultural de la humanidad en América son precisamente las cosas que construimos juntos cuando éramos la misma cosa.

Hacia ese lejano norte de América sólo habían llegado los jesuitas, otras máquinas todoterreno que podían levantar civilización en el rincón más inhóspito. Habían llegado a Nueva España en 1572, con una misión más dirigida a un estrato naciente de la población: los criollos, hijos de las primeras generaciones de conquistadores, pero nacidos ya en América, y fueron expulsados por orden de Carlos III en 1767. Su lugar sería ocupado por los franciscanos de fray Junípero.

El impulso explorador y aventurero del siglo XVI ya había llevado a España hasta aquellas tierras agrestes de las que ya había reclamado posesión; pero en términos generales estuvieron siempre deshabitadas por europeos; pero de pronto ingleses y franceses se acercaban por mar y tierra y hasta los rusos habían comenzado a llegar. Era momento de poner orden, y el visitador José de Gálvez organizó, junto con fray Junípero, una serie de expediciones al lejano norte con dicho propósito.

La comitiva exploradora salió de México en julio de 1767, apenas tres meses después de la expulsión jesuita, fueron por tierra hasta la costa del Pacífico, en el puerto de San Blas embarcaron rumbo a la península hoy llamada Baja California, descubierta por Cortés, y fundaron la misión de Loreto, pionera de las misiones californianas.

Siguió Junípero el modelo de la Sierra, llevar agricultura, ganadería, enseñanza y prosperidad junto con la palabra de Dios, para que fuera más fácilmente escuchada. Importante señalar que llegó a comunidades de cazadores recolectores que no conocían ni los rudimentos más básicos de la agricultura y que no acostumbraban a usar ropa.

Vasco Núñez de Balboa ya había descubierto el océano Pacífico luego de atravesar Panamá a pie en 1513, y Cortés ya había explorado el litoral a partir de 1530; uno de los hombres llegados con Narváez y sumado al bando de Cortés, Juan Rodríguez Cabrillo, exploró y cartografió hasta la actual California. Con esos conocimientos previos es que la expedición de Junípero llegó al norte y fundó la misión de San Diego de Alcalá, el 16 de julio de 1769.

En los siguientes años llenó California de misiones, donde solía haber algunos frailes, un par de soldados y la población indígena local, literal, aprendiendo civilización. Fundó las misiones de San Carlos Borromeo, San Antonio de Padua, San Gabriel Arcángel y San Luis de Tolosa.

No fue fácil hacer misión. Muchos indios los recibieron de buen grado y construyeron juntos, pero otros más no dejaban de atacar esos asentamientos. Cada uno de estos puestos de avanzada de la civilización reitera que no hay conquista, no de México desde luego, sino mucha construcción de cultura y civilización, con todos los casos de choque y conflicto que esto genera con los colectivos que se niegan a dicho avance. Una vez más, no la historia de España, sino de la civilización.

Otra evidencia contra la conquista es nada más y nada menos que el camino existente para llegar a tan remotas misiones y conectarlas con el resto del reino, el Camino Real de Tierra Adentro. Los imperios que colonizan, como el francés o el inglés, dominan costas y puertos para dominar en ellas comercio y recursos, y muy poco penetran; la construcción de un camino hacia el interior, marcado por nuevas y opulentas ciudades, con catedrales que se llevan hasta doscientos años de construcción, es el trabajo de gente que llegó para quedarse y hacer hogar.

EL INDIO BUENO Y EL INDIO MALO

¿Quiénes son los buenos y los malos de la historia a estas alturas de la gesta? La versión más banal y superficial del relato siempre ha dejado claro que todo indio es bueno por el simple hecho de ser indio, poco importa si come corazones humanos; y todo español es intrínsecamente malvado, incluso si termina con esa sanguinaria costumbre de los indios y sus ganas de devorar músculos.

El problema es que muchos de esos indios se aliaron a los españoles y pactaron con ellos. ¿Qué hace que alguien intrínsecamente bueno llegue a acuerdos con alguien intrínsecamente malo? Si el español es villano, su llegada a América es catastrófica, y la caída de Tenochtitlan es una terrible conquista. Parecería lógico que todo aquél que se sume a tan terribles acontecimientos será parte de la cohorte de tunantes y malandrines.

Porque el relato de traición india que comienza con doña Marina se enreda consigo mismo con el transcurso de la leyenda. Ella, la Malinche, traicionó a su pueblo y lo entregó como Judas a su maestro y por algo menos de treinta monedas. Poco importa que el sistema la hubiera hecho esclava, que no fuera mexica, que la llegada de éstos a su pueblo fuera violenta y sanguinaria y los dejara sojuzgados, que ese Anáhuac fuera territorio que se repartían tribus que recién dejaban el totemismo. Nada importa. Malinche traicionó a una patria.

Pero cien mil guerreros tomaron Tenochtitlan el 13 de agosto de 1521 y tan sólo mil de ellos eran españoles. Los totonacas fueron la primera alianza formal de Cortés y fueron los que los hicieron sobrevivir para poder comenzar la expedición a Tenochtitlan. ¿Los totonacas son también traidores? ¿Los totonacas no cuentan como mexicanos?

Tlaxcallan y Huexotzinco se aliaron con los españoles, y por encima de la Malinche como individuo, los tlaxcaltecas representan la traición colectiva de todo un pueblo. Poco importa si dicho pueblo vivía rodeado y asediado por los mexicas, con un bloqueo comercial que buscaba eliminarlos; menos aún importa que esa situación sea derivada del momento en que los mexicas traicionaron a los tlaxcaltecas, cuando también lucharon contra Azcapotzalco allá por 1427, cuando cayeron los antiguos poderosos y se encumbraron los nuevos.

¿Tlaxcallan y Huexotzinco no cuentan como pueblos de México? ¿No serían entonces uno más de tantos que eligieron alianza? Porque tras totonacas, tlaxcaltecas, huexotzincas, cholultecas, texcocanos, xochimilcas, y eventualmente todos los pueblos del sistema lacustre, pactaron incluso los purépechas del reino occidental de Iréchekua con capital en Tzintzuntzan.

¿Ninguno es mexicano bajo la narrativa actual? ¿Todos son traidores? ¿Todos son idiotas? ¿Todos se dejaron endulzar el oído por la lengua viperina y malvada de los españoles? ¿Sólo los mexicas son los buenos de la historia? ¿Sólo los que invadieron y sometieron los valles centrales son los únicos y verdaderos mexicanos? ¿Tienen un derecho sagrado por el territorio y la identidad? ¿Vamos a creer hasta el final que Huitzilopochtli les entregó todo México como tierra prometida? ¿Los que extraen miles de corazones al año son los únicos buenos de esta historia?

¿Por qué se unen los indios a Hernán Cortés y con el paso de las siguientes décadas y siglos a España en general? ¿Por qué se declaran súbditos? ¿Por qué reconocen como su señor a Carlos I?

La historia de México sólo dejaría una opción en sumo grado simplista. O todos son traidores o todos son idiotas. Son malvados esperando la oportunidad de acabar con sus distinguidos y amorosos antropófagos, o estúpidos que caen engañados incluso ante felones de la talla del endemoniado conquistador. ¿Son brillantes y avanzados o ingenuos hasta el ridículo? ¿Son buenos o son malos?

La anterior es, desde luego, la pregunta más tonta de la historia cuando se habla de historia. Es de hecho una de las grandes estrategias manipulativas el momento de falsificar,[24] convencerte de que ese juicio es posible, de que hay buenos y malos y que esa bondad o maldad son de hecho

[24] Todo el tema de cómo, por qué y con qué métodos se falsifican los hechos, se construyen ideologías y se crean narrativas de poder, se explora a detalle en mi libro *Falsificar la historia*, Grijalbo, 2023.

sus motivaciones primarias. Lo relevante, desde luego, es que nunca nadie se ha asumido como el malo del cuento. Todos son los buenos, lo era Cortés y lo era Cuauhtémoc, lo era Miguel Hidalgo y lo era Agustín de Iturbide, lo eran Hitler y Osama bin Laden.

Pero dado que recorremos un relato de indios buenos y españoles malos, lo lógico sería pensar que los indios que pactan y negocian con Cortés son malévolos y traidores. Con Hernán Cortés pactó el cacique Tabscoob en la zona que hoy por él se llama Tabasco, al igual que los totonacas de Cempoala, los tlaxcaltecas y los huexotzincas del mundo nahua y más adelante los purépechas de Michoacán. Todos son malos.

Con Cortés pactó doña Marina, en todos los sentidos posibles, y pasó a la historia como símbolo mismo de traición a la patria, por más que no existiera la patria en ese tiempo. Hasta los texcocanos se hacen malvados y al final optan por renunciar a su alianza con los mexicas y pasarse, como todos, al bando de Cortés. Qué malos son todos, o qué brillante genio del mal es el conquistador, que los convence a todos, lo cual los hace también muy ingenuos y merecedores de conquista.

En el mundo de hoy, donde desde el poder se cambia el pasado, el sentido de la historia y hasta el significado de las palabras, se habla mucho de quinientos años de resistencia indígena. Lo curioso no es que esa lucha indigenista la lideren personas de apellidos tan extranjeros como López, Fernández, Ebrard o Sheinbaum, sino que históricamente no ha estado liderada por indígenas, y que la máxima etapa de rebeldía de los pueblos indios comenzó en el México independiente contra sus propios gobiernos.

Sin ir más lejos, hoy existe una gran resistencia indígena en la zona maya, contra el actual gobierno que está destruyendo su selva, exterminando especies y trastocando el ecosistema, para terminar de construir un tren que nadie quiere, que no funciona, y que va de ninguna parte a ningún lado con escala en Cancún, al doble de precio y a la mitad de velocidad que el autobús.

La discusión comienza con Moctezuma y Cuauhtémoc. En México, el tlatoani que termina negociando con Cortés pasó a la historia como cobarde en el mejor de los casos, mientras que el último de los líderes mexicas estampó su nombre con el epítome de gran héroe.

Poco importan hoy las personas reales de ese tiempo, cuyas motivaciones ni siquiera podemos comprender, pero es muy importante el simbolismo y significado que les damos hoy. Moctezuma representa la aceptación de la realidad, y eso en México, que vivimos de evadirla, nos parece la peor de las traiciones. Cuauhtémoc opta por la destrucción de absolutamente todo antes de aceptar la realidad; y en México, que sin saberlo nos odiamos profundamente a nosotros mismos, eso es lo que nos parece loable.

Había pueblos en resistencia desde antes de la llegada de los españoles, particularmente en el centro, donde casi todos fantaseaban, aunque fuera con una rebelión contra los mexicas, y los había en Yucatán, donde muchos pueblos vivían en batalla constante contra los últimos señores mayas que buscaran someterlos. Resistencia había también en la frontera de la bárbaros, donde los nómadas chichimecas buscaban siempre contener el avance de la civilización.

Pero hoy se nos dice que los pueblos indios, todos juntos porque todos son lo mismo (gran falta de respeto para dichos pueblos), llevan cinco siglos en resistencia. Si esa mentira fuera verdad nuestro país no existiría; no es la resistencia, sino la colaboración, lo que hizo nacer y evolucionar a México a partir de 1521. Pero nada de eso importa para las actuales narrativas seudomarxistas que se alimentan del conflicto en cualquiera de sus variantes.

Como hoy todo es resistencia, es menester resaltar cualquier resistencia del pasado y decir que ha sido la norma; otro método muy socorrido para falsificar y manipular. Así podemos llegar quizás a la más famosa historia de resistencia en México, la del líder maya Jacinto Canek.

Canek fue maya, nació en Campeche, capitanía general de Yucatán en 1730. Murió treinta y un años después en la Plaza Mayor de Mérida, Yucatán, descuartizado con tenazas al rojo vivo en presencia del gobernador, quien ordenó el acto, y los principales terratenientes. Su cadáver fue quemado ahí mismo y sus cenizas esparcidas por los aires. Tres semanas atrás Canek comenzó una revuelta que nadie esperaba y que lo llevó a tan terrible desenlace.

Jacinto Uc de los Santos nació en la ciudad de Campeche, capitanía de Yucatán, y de lo poco que se sabe de él es que estudió unos años en el convento de Mérida, donde lo apreciaban por ser inteligente, pero del que lo expulsaron por ser rebelde. Como pasaba con la vida de los mayas de aquella época, la única opción en la vida de Jacinto era ser peón en una hacienda en terribles condiciones.

Buen momento para recordar que en tiempos virreinales las historias de México y Yucatán están muy separadas; cada uno de ellos tiene más contacto con Cuba y Europa que el que tienen entre sí, sus procesos de choque con los españoles son muy diferentes. Hernán Cortés y su naciente Nueva España no tienen nada que ver con la zona de los mayas, y la población que encontraron aquellos aventureros españoles era muy distinta a la civilización con la que tuvo contacto Cortés.

Los mayas habían pasado por sus días de gloria mucho tiempo atrás, y muchos pueblos estaban experimentando incluso procesos involutivos cuando llegaron los españoles. Fue difícil el establecimiento porque los pueblos civilizados siempre tienen algo que negociar, y tomar una sola ciudad puede ser un triunfo total; en Yucatán fue contra ciudades, aldeas, villas, pueblos y grupos dispersos ya sin unidad alguna, pero peleando con la furia del que vive en ese estado.

Un mes antes de su ejecución, Jacinto Uc de los Santos adoptó el sobrenombre de Canek, una simplificación de la palabra maya para referirse al gobernante, y comenzó una rebelión contra los terratenientes españoles. No fue un conato de independencia ni Canek un precursor, no es una rebelión contra la Corona española o el gobierno virreinal; no es el "ya basta" colectivo de todos los indios sometidos y oprimidos de Nueva España, no es el símbolo de siglos de resistencia y mucho menos tiene relación con el señorío mexica que cayó en 1521. Fue una respuesta a las deplorables condiciones de vida de los peones en Yucatán.

Pero la historia del Virreinato no es la historia de una cadena eslabonada de rebeliones como la de Canek, no es un periplo de tres siglos en guerra contra una población local que lucha a muerte por defender su soberanía, no es un periodo de conflictos. Nueva España era un reino que vivía en paz, por eso no había ejército.

Hay que decir que desde el siglo XVI y hasta la independencia, y durante el siglo XIX independiente y hasta llegar a la revolución, Yucatán siempre fue territorio de injusticia y de rebelión. También hay que decir que siguió habiendo Caneks después de la Independencia, ya que aún hubo líderes rebeldes y una guerra de castas que se prolongó desde tiempos de Antonio López de Santa Anna en 1847 y hasta que Porfirio Díaz envió como pacificador a Victoriano Huerta en 1903.

Sin que llevara tiempo dando signo de estar elucubrando alguna conjura, Jacinto Canek tomó la palabra en el atrio de la iglesia, el 19 de noviembre de 1761, e invitó a los mayas que lo escuchaban a rebelarse contra sus patrones españoles. El motín fue cruel y violento, pero entre guardias, terratenientes y peones leales, los sublevados fueron derrotados en tres semanas, se les hizo juicio sumario y fueron condenados a muerte.

Canek es un indio bueno. Nuevamente no juzgamos a los personajes de su tiempo, porque no los comprendemos, sino el símbolo en que se convierten. Canek representa quinientos años de resistencia indígena. No es cierto, pero los representa.

Fernando de Tapia sería un indio malo, hasta en el nombre lo deja claro. Nació entre los indios otomíes con el nombre de Conín en 1485, y antes de la conquista era un próspero comerciante en la frontera entre los suyos, los chichimecas y el mundo de los nahuas. Poco se sabe de él antes de su propio encuentro con los españoles en torno a 1528.

Para ese momento la caída de Tenochtitlan era un hecho pasado y los españoles eran ya parte de la normalidad; desde los sureños valles de Oaxaca hasta los del norte en la frontera chichimeca se podía ver la nueva vida que se desarrollaba alrededor del lago de Texcoco, y evaluar los resultados. Algo estaba pasando, algo muy extraño e inexplicable, y algunos querían ser parte de eso. Conín fue uno de ellos.

Conoció al español Hernán Pérez Bocanegra alrededor de 1528, cuando un grupo de españoles tomaron por asalto un pueblo, y lo convenció de convertirse al cristianismo; es decir, incorporarse de lleno a esa nueva civilización. Se bautizó con el nombre de Fernando de Tapia y fue importantísimo para los españoles y para la historia de México.

Como cristiano ahora era parte de los españoles, y se le solicitó mediar la paz con los pueblos chichimecas y otomíes para poder fundar una ciudad para abrir camino al norte. Don Fernando de Tapia habló con los líderes indígenas y los convenció de evitar una guerra que sólo dejaría sufrimiento y sería ganada por los españoles.

Conín los convence para evitar la matanza que significaría ir a la guerra, y los chichimecas de la zona aceptaron integrarse a la Corona. El honor bélico de los chichimecas debía de ser salvado, por lo que solicitaron una batalla pactada, sin armas y a puño limpio, que se desarrolló en el cerro de Sangremal el 25 de julio de 1531. Tras once horas de combate, cuentan algunas leyendas que el apóstol Santiago se apareció en los cielos, hecho incomprobable, y que por ello los chichimecas se rindieron, hecho consumado.

En honor al apóstol que les dio la victoria la ciudad fue nombrada y se llama hasta hoy Santiago de Querétaro. El indio Fernando de Tapia la fundó, la organizó, la dividió entre indios y españoles; y el Virreinato le concedió tierras, vasallos y el título de gobernador perpetuo de la ciudad. Fernando de Tapia Conín murió como noble español en febrero de 1571, rodeado de honores y con un cortejo fúnebre acompañado de indios y españoles por igual.

¿Quién es el bueno y quién el malo a estas alturas de la historia si prácticamente todos pactan con Cortés, abrazan la fe, reconocen a don Carlos y se integran en la monarquía?

Conín y Canek son sólo dos historias y dos ejemplos de los extremos a los que pueden llegar los relatos. Sus historias no tienen relación alguna; uno es un indio del siglo XVI presenciando el fin de su mundo y tomando la decisión de integrarse a la cultura de los españoles; otro es un peón harto de los malos tratos del patrón. Nada tiene que ver Canek con la caída de Tenochtitlan, pero las narrativas todo lo pueden.

Y qué hay de los demás indios. Hernando Alvarado Tezozómoc nació en el momento mismo de la conquista, en algún momento entre 1520 y 1521, hijo del tlatoani de Ecatepec, otra ciudad ribereña, y Francisca de Moctezuma, hija del tlatoani mexica. Su padre, Diego Alvarado Huanitzin, era nieto de Axayácatl, el padre de Moctezuma, y después de la caída de Tenochtitlan fue de los tlatoanis nombrados por los españoles.

Es decir que don Hernando nace ya en una familia que, por la razón que sea, ha pactado y se ha integrado; están bautizados y tienen "nombres cristianos" y comienzan a entenderse en español (buen momento para acotar que Cortés y sus hombres, cientos entre millones, entendían el náhuatl para este momento). Fue uno de los sabios biculturales surgidos de ese encuentro.

Alvarado Tezozómoc fue historiador y se dedicó a registrar en español y en náhuatl la historia de sus ancestros. Era descendiente de Moctezuma por sus dos ramas familiares y reconocido como uno de los más grandes nobles; en razón de lo cual estudió con franciscanos en el Colegio de Tlatelolco, donde además de español, y náhuatl escrito en alfabeto latino, aprendió latín, gramática, retórica, arte, filosofía y teología.

Pero como el noble que era también fue educado en casa desde niño en sus historias y tradiciones, así como lectura e interpretación de códices; esto hizo de don Hernando un enlace humano maravilloso en esos primeros años. Fue escribano indígena y traductor de náhuatl a español en la Real Audiencia del Virreinato e intervino en casos importantes para que indios conservaran sus títulos y propiedades. Es decir que en las "colonias" había juicios con procedimientos legales y traducidos a la lengua de los "conquistados".

Fue autor de dos magnas obras muy relacionadas entre sí; la crónica mexicáyotl, redactada en náhuatl, y la crónica mexicana redactada en español. En ambas, cuenta, aderezado de historias diferentes y con participación de otros escribanos, la historia del pueblo mexica desde el inicio de la mítica peregrinación de Aztlán, pasando por todo el linaje de pueblo, hasta llegar a los aciagos días de la caída de Tenochtitlan.

Fue indio mexica, noble y de sangre real dentro del linaje directo de Moctezuma; fue siempre orgulloso de su historia y tradición, pero además fue también parte integral de la cultura española a la que se incorporó. Fue un mestizo, dado que el verdadero y más maravilloso mestizaje americano es siempre cultural.

Fernando de Alva Ixtlilxóchitl nació en 1578 de madre mestiza, con tres abuelos españoles y uno indio; de éste descendía del linaje de los señores de Texcoco como Nezahualcóyotl y Nezahualpilli. Fue tataranieto de Fernando Cortés Ixtlilxóchitl, último señor de Texcoco, bautizado y apadrinado en el sacramento por Hernán Cortés en persona. Por parte de una abuela era heredero también del señorío de Teotihuacán.

Don Fernando también fue un erudito formado en los últimos años de funcionamiento, ya decadente, del Colegio de Tlatelolco. Fue traductor bilingüe y gran cronista del pasado que nos legó la *Historia de la nación tolteca* y la *Historia de los chichimecas*. Podemos sin duda rascar los anales del pasado y encontrar diversas rebeliones, pero nuestra historia común está llena de integración y asimilación.

¿Y Antonio Valeriano? Fue noble mexica y sobrino de Moctezuma, y es parte de la primera generación del Colegio de Tlatelolco, fue el más antiguo de los colaboradores de Bernardino de Sahagún. Se bautizó y se integró en el reino y la Corona, traición absoluta, pero nos legó a todos los mexicanos el texto de las apariciones guadalupanas. El indio Juan Diego, por cierto, sea real o mítico, dado que, según la leyenda aparicionista, buscaba un sacerdote para los santos óleos de su tío, también se integró.

La Malinche, los tlaxcaltecas, cholultecas, totonacas, texcocanos, purépechas y demás, el indio Conín, Alvarado Tezozómoc y Alva Ixtlilxóchitl, Antonio Valeriano y Juan Diego; y desde luego toda la familia Moctezuma con títulos de nobleza y grandeza de España desde el siglo XVI hasta hoy..., todos de alguna forma terminaron por aceptar el peso de la realidad histórica. Todos se integraron a lo que nacía. Todos son traidores según la narrativa de conquista.

UN IMPERIO DONDE NO SE PONE EL SOL

No olvide Su Majestad que la lengua es siempre compañera del imperio. Esa fue la dedicatoria que el gran sabio de Salamanca, Antonio de Nebrija, escribió para la reina Isabel de Castilla en el primer ejemplar de su *Gramática de la lengua castellana*, publicado en 1492.

Cuando Nebrija escribe la palabra imperio no se refiere a una expansión territorial, sino al concepto mismo de dominio. Se vence a través de la lengua porque se une a través de ella. Se construye un mismo orden y cosmovisión con el que todos están de acuerdo. Con la lengua se transmite la tradición, la cultura y la forma misma de comprender el mundo. Compartir la lengua es compartir el alma.

El imperio de la lengua de Castilla explosionó en un parpadeo de la historia. Un pequeño condado feudal al norte, resultado de la incipiente resistencia cristiana ante la invasión del islam, que se llevó unos cinco siglos en extenderse hacia el sur de su propia península, cruzó de pronto el océano y en cuestión de décadas había llevado su lengua, y con ella su linaje, a la mitad del planeta.

En su lengua llevaban una historia que era de colisión. Sus palabras y su gramática evidenciaban que habían sido celtas, fenicios, romanos y griegos; hablaban de imperio y de ley, de filosofía y política. Su lengua latina mezclada un tanto con germanismos contaba la historia de un imperio invadido; el idioma mundial que estaba por desarrollar contaría la historia de uno triunfante.

¿Castellano o español? Aún se debate hasta el nombre de nuestro sistema lingüístico. Hay documentos del siglo x cuya escritura ya es identificada por los eruditos como castellano; sin embargo, ningún hispanohablante común de hoy sería capaz de comprenderlo. Esa lengua latina, griega y visigoda será el resultado de pactos feudales en el norte de la Hispania, pero conforme se va extendiendo hacia el sur de la costa mediterránea, va sumando rasgos del árabe y de otros dialectos romances; integra conquistas y victorias, guerra santa y cruzadas.

Al viajar al sur, esa lengua de los caballeros del norte será parte de un choque de civilizaciones que es también un encuentro de culturas, presenciará concilios y discusiones, se encontrará con los filósofos clásicos del mundo antiguo traducidos del griego por los árabes. Esa lengua en crecimiento comenzará a construir literatura y con ella permanencia; con esas palabras se cantaron las gestas del Cid y las coplas originales del Amadís de Gaula, con ellas cantó Gonzalo de Berceo los *Milagros de Nuestra señora* y nos habló el Arcipreste sobre los tipos de Amor.

La lengua se transforma con su viaje al igual que los aventureros que buscan el sueño de las Indias. La que sale de Castilla no es la misma que llega a Sevilla siglos después.

Se ha transformado. La lengua que zarpa de Palos de la Frontera, Cádiz o Sanlúcar de Barrameda, no es idéntica a la que salió de Burgos en el pasado, y se transformará y adaptará de manera vertiginosa al cruzar el Atlántico. En América, la lengua llegó de España, quizás por eso le decimos español; llegó de Sevilla y Canarias, por eso hablamos el idioma como lo hablamos.

Con esa lengua transformada y engrandecida por su historia de contactos, sor Juana hizo poesía barroca y metafísica; Carlos de Sigüenza y Góngora nos habló de historia, astronomía y filosofía; Garcilaso de la Vega nos contó los *Comentarios Reales*, gran cantar de gesta de los incas, y Juan Ruiz de Alarcón nos dio *La verdad Sospechosa*.

Extender la lengua es hacer imperio, y hacer imperio es establecer orden. América estuvo en paz y en orden durante trescientos años, y el imperio del que era parte fue orden mundial durante ese tiempo. Al día siguiente de la conquista se comenzaron a construir Españas en las Indias y fueron potencia mundial.

Isabel de Castilla y Fernando de Aragón se casaron en secreto en 1469. Tenían diecisiete años, él heredaría un reino naviero que había visto sus mejores días un siglo en el pasado, y ella no era formalmente heredera a nada, dado que, precisamente a causa de la boda clandestina que estaba celebrando, su medio hermano Enrique IV le quitaba el derecho al trono.

Fernando tuvo que llegar escondido a Valladolid, disfrazado de mozo de mulas, para ser parte de un enlace que estaba religiosamente prohibido porque eran primos, y para el cual falsificaron una bula papal del pontífice que había muerto cinco años atrás. Nada bueno auguraba ese caótico inicio. La falsificación del documento pontificio fue descubierta y los príncipes fueron excomulgados.

Lo bueno de que la omnipotencia de Dios mantenga una burocracia en la Tierra es que en 1471 el papa Pío IV hizo el papeleo necesario para borrar todo ese pasado y legitimar el presente con nuevas bulas; todo esto a instancias del cardenal aragonés Rodrigo de Borja, que en 1492 llegará al papado y dos años después obsequiará América a los radiantes monarcas. Nadie lo sabe aún, pero cuando Nebrija publica la *Gramática...* está naciendo un imperio.

Para 1479 los futuros reyes católicos estaban ya en sus respectivos tronos y reinaban cada uno en una mitad de la península ibérica. Para 1492 lograron unificarla en la cristiandad y su misión había terminado. Cincuenta años después, su bisnieto Felipe II administraba un imperio que rodeaba el planeta.

Nació don Felipe en 1527, cuando toda la maquinaria histórica que le daría su imperio universal ya estaba puesta en marcha. Elcano había dado la vuelta al mundo, Tenochtitlan había caído y Nueva España daba sus primeros caóticos pasos, Pizarro ya intuye la existencia del Tahuantinsuyo que no tarda en conquistar, y los frailes ya caminan por los rincones de América.

Lengua es dominio porque lengua es cosmovisión compartida. Pero España es heredera de Roma y sabe que no sólo con latín se extendió la ciudad eterna. Imperio es hacer leyes y fundar ciudades. Las leyes obligan a seguir ideales y las ciudades a trazar caminos. ¿Qué fue lo primero que hizo Hernán Cortés en suelo americano? Fundar ciudad y hacer camino. Así comenzó su propio imperio.

España nació y creció fundando ciudades de norte a sur. Nació en guerra santa, era menester expulsar a los sarracenos de los territorios ganados para la causa, para ello había que poblar con cristianos, y para lo anterior, era fundamental crear una ciudad. Ésta fue en España la reunión de los hombres libres, cuyas relaciones entre sí debían de regirse por un mismo acuerdo, así como los vínculos con su señor.

Hacer ciudad es derecho de los hombres libres, fue el argumento de Cortés para fundar en un acta notariada la Villa Rica de la Verdadera Cruz. Hombres libres que por voluntad viven en comunidad eligen dentro de sí mismos a aquellos que se erigirán como vínculo y representación con su rey, cuyas leyes se obligan a cumplir y su soberanía a reconocer.

Hacer ciudad era entendido en aquella medieval Hispania como llevar más allá la barrera de la civilización. Fundar ciudad es asegurar la frontera, es fincar un puesto de avanzada, donde hombres y mujeres libres que comparten costumbres puedan cimentar su estilo de vida, su religión y su lengua, y quizás llevarlo un poco más allá. De hecho, a través de las ciudades se extiende, transmite y perpetúa una cultura, y esa es la definición misma de civilización.

La historia de España, y después la de México, será la de crear ciudades. En el siglo VIII los musulmanes invadieron la Hispania y replegaron a los cristianos a la cornisa cantábrica, un pequeño borde en el norte como último resquicio para su religión. Ahí se asentaron y crearon ciudades. No tiene que ver con el tamaño de la población, la ciudad existe primordialmente en un papel para asegurar estatus legal a los plebeyos libres que viven adscritos a ella.

En el siglo IX, y con apoyo del imperio de los francos, comienza lo que terminó por convertirse en el Camino de Santiago, una red de fortalezas, conventos y ciudades que atravesaban de este a oeste como una línea de defensa contra el regreso del islam. España nació como una línea segura que establecía una frontera entre las religiones.

Era necesario hacer ruta de peregrinos para tener un flujo de creyentes que ayudara a mantener el territorio en poder de la cristiandad, para lo cual era relevante una red hospitalaria de monasterios; y nada de lo anterior puede sostenerse a sí mismo si no hay una población estable gracias a una red de ciudades.

No es de extrañar que, una vez consolidados los dominios del norte, España hiciera o conquistara ciudades en línea recta hacia el sur. Castilla luchaba contra los moros y los empujaba hacia el sur dejando con ello territorios despoblados. Había que repoblar y era necesario fundar ciudad.

Cuando Cristóbal Colón establece el Fuerte Navidad en diciembre de 1492 y deja a cuarenta y nueve hombres, lo que hacía era básicamente fundar ciudad; aunque esa en particular terminara trágicamente con todos devorados por los caribes. Lo primero que hacen los españoles una vez en claro que se asentarán en la isla la Española, es fundar ciudad, lo que hoy es Santo Domingo; esto es, darse instituciones de hombres libres y colocarse todos voluntariamente bajo la soberanía del rey. Al igual que los indios, los españoles se declaran vasallos.

La ciudad es una más de las pruebas de que no hay conquista. Los conquistadores tienen colonias de las que buscan extraer la mayor cantidad de recursos y riqueza posibles invirtiendo la menor cantidad posible. Llegan, extraen y se lo llevan a una metrópoli que se enriquece. Se quedan en puertos y costas, se construye poco tirando a nada, básicamente lo necesario para el expolio. Construir ciudad es una inversión de toda la vida que sólo se hace si eres un habitante más del lugar.

Cuando Hernán Cortés llegó al arenal donde fundó Veracruz, tenía treinta y cuatro años y casi quince fuera de su tierra origina. Era un habitante del Caribe, primero en Santo Domingo y después en Santiago de Cuba, donde estaba registrado como vecino de la ciudad, con los derechos que ello conlleva; registro y derechos que implicaban llevar cierto tiempo establecido en el lugar y la promesa de permanecer.

Cuando Cortés zarpa rumbo a "un más allá" complemente desconocido en diciembre de 1518, sabe muy bien que no tiene en sus planes regresar. Piensa establecerse y para eso hay que fundar ciudad. Por eso nace la Villa Rica de la Verdadera Cruz el 22 de abril de 1519, en la que forma ayuntamiento y cabildo, convoca a elección de autoridades bajo soberanía del rey y hace actas notariales.

Los hombres forman ciudad y el rey lo reconoce y otorga cédula y escudo de armas; el de Veracruz es una fortaleza rematada por la cruz de Santiago con la leyenda *vera*, y está sostenida sobre dos columnas con los letreros de *Plus Ultra*, más allá de las columnas de Hércules. Se supo durante milenios que no había nada más allá, *non plus ultra*, del estrecho de Gibraltar, hasta que los españoles fueron más allá y fundaron.

Aunque Tenochtitlan ya existía desde 1325, Cortés funda formalmente la Ciudad de México como jurisdicción española en 1521 y la de Tlaxcala en 1525. Indios y españoles viven y conviven en ellas bajo la misma ley y en igualdad como vasallos, con las mismas normas y con acceso a leyes y tribunales. Más aún, muy característico con Carlos I y Felipe II, tenían derecho de acceso al rey, derecho que muchos ejercieron, que tenía la costumbre de leer personalmente las cartas. Igualito a Moctezuma.

Para 1531 existen formalmente las ciudades de Veracruz, México, Tlaxcala, Cuernavaca, Taxco, Puebla y Querétaro. Sólo han pasado diez años de eso a lo que le llamamos conquista y los españoles, junto a los indios, no han dejado de construir. Llevan ya siete ciudades, primitivas para ese momento, pero además de contar con plaza central, edificio de gobierno, mercado y sede religiosa, tienen lo más importante, lo no material que es fundamento de una cultura, las ideas y la cosmovisión plasmadas en un entramado legal.

Volvamos a eso del entramado legal y a un recorrido muy simple pero necesario para comprender la construcción de este andamiaje en relación con las Indias. Evidentemente nada había en 1492 en relación con los habitantes del Nuevo Mundo, pero sí en cuanto a la relación entre súbditos y monarcas, relación que, como ya se ha comentado, tiene todo que ver con siglos de guerras para obtener el territorio, lo cual hizo evidente la interdependencia entre señores y vasallos de la que surgieron leyes muy representativas.

De ahí la importancia del vasallaje de los indios. Puede llevar mucho tiempo. Tardó unos cincuenta años crear nuevas leyes para las nuevas realidades, pero que el indio se integre a la protección de las mismas leyes que sirven para los demás es cuestión de un acto protocolario. El espíritu de Isabel no es introducir a los indios al andamiaje legal para someterlos con él, sino precisamente para liberarlos del estado de barbarie e indefensión que resulta de vivir sin leyes.

Cobra entonces particular importancia su testamento y sus declaraciones: cásense españoles con indias e indios con españolas. Pero antes de manifestar sus deseos póstumos, también estableció en cédula real del 20 de junio de 1500 la prohibición de esclavizar a los indios en su calidad de súbditos de la Corona, así como la liberación, retorno y restitución de bienes y tierras a los indios esclavizados por Cristóbal Colón.

Específicamente habla de tratarlos bien y con cariño, con esa ternura que parece ingenua, pero que muestra los ideales. Todo eso serán los cimientos jurídicos del imperio que está por nacer. No tiene idea de a dónde han llegado, si son islas de Asia o el Nuevo Mundo que algunos ya postulan, si es gente de aquellos mundos antiguos o completamente desconocidos, desconoce su estadio cultural y progreso material, aún no se vislumbra demasiada riqueza y falta mucho para que se debata sobre su alma. Pero ella ya sabe lo simple y básico, deben ser tratados bien y como personas.

Poco tiempo pasará para comprender la necesidad de nuevas leyes para nuevas realidades, y de ahí nacen las leyes de Burgos de 1512. Ya murió Isabel, Cortés apenas se ha instalado en Cuba, Vasco Núñez de Balboa está caminando por Panamá en busca de otro océano, Carlos es un adolescente educado por preceptores en Flandes y don Felipe no ha nacido.

Vistas desde hoy, esas leyes parecen terribles, pues parten de regular la institución que, para entonces, les parece natural: la encomienda; recordar que no se ha llegado a América y que los indios del Caribe no han desarrollado civilización. Aún así se habla de que son libres y dueños legítimos de sus casas y tierras, de darles un salario justo, de evitar trabajos forzados, descanso para embarazadas, no trabajo para menores, la obligación de darles servicios religiosos gratuitos y la responsabilidad del encomendero sobre sus necesidades, lo cual evidentemente fue el punto más flaco de esta ley.

Cuarenta años después la situación era muy diferente. Para 1542 los dominios no son un puñado de islas en el Caribe, sino Nueva España y Perú, con todas las nuevas complejidades que ello entraña; es por eso que en ese año se redactaron y publicaron las llamadas Leyes Nuevas, cuyo espíritu es la prohibición absoluta de la esclavitud, la declaración de los indios como hombres civilizados y libres, y la abolición de las encomiendas conforme fueran muriendo los hijos de los conquistadores.

Además de leyes, la maraña jurídica en la que se sostiene el imperio incluye también instituciones, muchas de ellas existentes desde tiempos medievales de la vieja España, y otras tantas que nacieron para administrar el Nuevo Mundo. La más importante fue la Casa de Contratación de las Indias, que nace en Sevilla desde 1503; dicha institución era la encargada de regular todo el gobierno y administración de los reinos americanos.

Comprendamos la complejidad que ello implica. La Casa de Contratación ve temas legales y fiscales, políticos y administrativos, es juzgado, tribuna y sitio de arbitraje, regula la economía y el comercio, pero dado que su objeto de trabajo está al otro lado del mar, regula también los puertos y sus alcabalas, las reglas de navegación, la construcción de barcos, la fabricación de instrumentos navieros y la elaboración de mapas, los archivos y hasta la promoción de la ciencia.

El Virreinato, un mamotreto legal finalmente, nace de manera oficial el 8 de marzo de 1535 con capital en la Ciudad de México y no en algún lugar de España porque no es colonia. Es otro reino, bajo el mismo rey, tanto para los españoles que han cruzado el océano como para los pueblos indios que del otro lado se han incorporado a la Corona. En su momento de máxima expansión abarcó gran parte de lo que hoy es Estados Unidos, todo México, el Caribe, Centroamérica, Colombia y las Filipinas. Don Felipe tiene ocho años y es colocado bajo la tutela de Juan de Zúñiga.

En 1543 don Felipe recibió formalmente de don Carlos el gobierno de España, evidentemente con asesores, pues apenas tenía dieciséis años, y para 1546 recibió también de su padre la carta en que renunciaba a su patria potestad y lo declaraba mayor de edad. Felipe nació y creció en España, que quedaba ya bajo su soberanía, mientras su padre siempre fue flamenco, más alemán que castellano, mucho más interesado en el centro de Europa que en los dominios que acababa de adquirir, pero no terminaba de comprender, y siempre tuvo en su cabeza la obsesión de contener a los turcos. Se veía a sí mismo como el caballero de la cristiandad.

Cuando don Felipe toma el control del naciente imperio ya hay una red de ciudades que comienzan a interconectarlo todo: Veracruz (1519), México y Tlaxcala (1521); Cuernavaca y Taxco (1529); Puebla y Querétaro (1531); Campeche (1540), Valladolid[25] (1541), Guadalajara y Mérida (1542) y Zacatecas (1546). En el momento de su muerte en 1598 ya se han fundado también Irapuato (1547), Acapulco (1550), Durango (1563), Villahermosa (1564), Celaya (1570), León (1576), Saltillo (1577), Atlixco (1579), San Luis Potosí (1592) y Monterrey (1596).

Construir veinte ciudades en menos de un siglo no es algo que ocurra tras la conquista de un país que a partir de ahora será sometido. A las ciudades sumemos pueblos y caminos, pueblos en dichos caminos y acueductos para abastecer dichas ciudades; agreguemos que en los pueblos hay parroquias, en los caminos conventos y en las ciudades catedrales; en cada uno de los templos hay órganos, arte, frescos y pinturas, esculturas y relieves, y retablos bañados en oro u ornamentados con plata.

También en aquellos tiempos se fundó Manila en las islas Filipinas, en torno a 1571, con escudo concedido en 1596. Hoy no es una ciudad mexicana, pero sí es parte de esta historia, pues desde puertos mexicanos y con tlaxcaltecas por ejército, es que el archipiélago fue incorporado a la Corona, como Capitanía General de Filipinas, dependiente

[25] Hoy llamada Morelia.

del Virreinato de Nueva España. Imposibilidad que ya se ha señalado, la colonia de la colonia.

Fundar ciudad es extender la frontera de la civilización, es dar pasos para seguir construyendo y seguir avanzando. Haces ciudad para expandir tu cultura, fundas y construyes porque asumes que aquello que posees tiene valor, que tus ideas e ideales, tu ética y tu visión de la humanidad, tu filosofía y forma de entender el mundo, son algo que vale la pena. No parece que los hispanos de hoy, en cualquier lado del océano, piensen eso sobre nuestra civilización.

México nació y creció fundando ciudades de sur a norte, extendiendo su propia frontera mientras de urbe en urbe iba trazando también la ruta comercial más importante de América, conocida desde entonces como Camino Real de Tierra Adentro, una red de senderos de unos dos mil seiscientos kilómetros de largo que conectan a la Ciudad de México con Albuquerque y Santa Fe, a través de una docena de ciudades.

Los dueños de colonias esquilman recursos desde las costas, los habitantes de un país construyen y van tierra adentro en su hogar. El detalle de que incluso en el siglo XXI México no tenga una gran cultura naviera, ni grandes ciudades portuarias, es curiosamente una evidencia más de que no hubo conquista, sino un proceso migratorio. Hablamos de gente que dejó todo en un continente para irse a otro en busca de oportunidades; las buscaron tierra adentro, se casaron, se reprodujeron y se establecieron. Son nuestros ancestros.

Los primeros españoles en llegar y establecerse buscaron la Ciudad de México, que en muy poco tiempo dejó de ser atractiva. Es muy poblada, está muy lejos, está a mucha altura, y ya está repartida entre conquistadores indios o españoles; los que llegan a Veracruz procuran no quedarse ahí por el calor infernal y las enfermedades del trópico, Texcoco es demasiado indio y además ya no existen las encomiendas, que se terminarán de extinguir a la muerte de los hijos de los conquistadores.

Cuenta la leyenda que por eso la emperatriz Isabel promovió la fundación de una ciudad nueva y de estilo español, a medio camino entre Veracruz y México y en medio de la ruta comercial, que resultara atractiva para fomentar la migración. Por órdenes de Sebastián Ramírez de Fuenleal, presidente de la segunda audiencia, fray Toribio de Benavente comenzó a explorar las tierras tlaxcaltecas. Cuentan que en eso estaba cuando el obispo de la diócesis de Tlaxcala, Julián Garcés, tuvo un sueño en el que los ángeles le señalaron el lugar exacto y el trazado de la ciudad.

A causa de dicha leyenda, la Puebla de Tlaxcala fue conocida como Puebla de los Ángeles, nombre que conservó a pesar de ser elevada de pueblo a ciudad. Con la proclamación de esta nueva villa comenzó también un experimento social destinado a no perturbar la existencia de la población original: república de indios y república de españoles; es decir, permitir a los indios tener sus propias ciudades, con sus leyes y autoridades (como en cualquier colonia), sin ser molestados por los vecinos españoles. Sólo se le pedía sujeción a la Corona, lo que incluía su cristianización, lo que implicaba la renuncia al sacrificio humano.

Puebla es una ciudad más española que muchas de España, como lo serán en su momento San Luis, Valladolid,

Querétaro y, quizás la más española de todas, Zacatecas. Para reiterar la ausencia de conquista hablamos de ciudades fundadas de cero, pues se internan en el lejano norte, más allá de las fronteras culturales de Mesoamérica. De la mitad de México hacia el desierto se hace país de la nada; lo hacen los españoles, que siempre encontrarán compañía otomí o tlaxcalteca en dichas aventuras, y desde luego, un grupo de frailes.

El Camino Real de Tierra Adentro es también conocido como Ruta de la Plata, ya que evidentemente alguna riqueza debía ofrecer el subsuelo para incitar a algunos pocos aventureros a adentrarse en medio de la nada. Dicha plata, en filones bajo tierra a los que no había llegado nunca tribu indígena alguna, evidentemente no son robados a nadie. Los españoles no llegaron a robar el producto de una industria minera existente, llegaron a crearla.

Esos españoles casi nunca volvieron a casa, o más bien cambiaron de casa. Son los abuelos de nuestros abuelos. Comenzó la extracción de oro y plata y dichos recursos se quedaron en el reino. Está desde luego la tradición del quinto real, con lo que el veinte por ciento de lo que se extrajo en el Virreinato se fue a la Corona, que no a España, porque no son lo mismo.

España es un reino como lo fue Nueva España y en su momento Nueva Granada, el Perú y el Río de la Plata; la Corona es la institución que gobierna y administra. Es decir, los mineros que extraen recursos minerales en España también pagaban su quinto real. Con su parte la Corona se hace de recursos y los destina a muchos fines, desde la manutención de la Casa Real y sus lujos hasta sus guerras en medio mundo o la construcción de infraestructura que permita administrar un imperio. En el caso de México, la Corona prácticamente devolvía el quinto real manteniendo colegios, hospitales y universidad.

La plata generó interrelación e interdependencia, dado que en 1553 llegó a Nueva España el metalurgo Bartolomé de Medina, quien desarrolló el método de beneficio de plata en patios, el cual requiere como principal recurso el azogue o mercurio. El procedimiento consiste en diseminar el material rocoso en grandes patios, que hasta hoy da forma a muchas haciendas mexicanas, cubrirlos con mercurio y comenzar a presionar hasta que la plata se separa de la piedra.

Gracias a ese sistema Nueva España se hizo primera productora de plata en el planeta, pero todo ello requería de un mercurio que aquí no había, pero abundaba en España. Una economía dinámica y entrelazada que depende de intercambiar recursos para funcionar, y en este caso obtener el preciado metal que fue la base del Real de a Ocho, la moneda acuñada en México que fue la base del comercio global por casi tres siglos.

Cabe señalar que la Real Casa de La Moneda se estableció en México desde fecha tan pronta como 1536, año en que ya hay Colegio de Tlatelolco y cuando ya se ha establecido la primera imprenta de Nueva España. Nueva España se hizo desde aquellos tiempos lo que es México hasta ahora: primer productor mundial de plata. La veta argentífera de Fresnillo, Zacatecas, es hoy la más rica del mundo.

La expansión no fue sólo tierra adentro, sino que fue también más allá de los mares y a otros continentes. Las islas hoy llamadas Filipinas eran conocidas, de oídas por los menos, por los europeos del siglo XV. Eran parte de ese lugar conocido como La Especiería o Islas de las Especias, y el lugar al que portugueses y españoles buscaron llegar, rodeando África y el mundo, respectivamente, una vez que el sultán Mehmed II cerrara el oriente del Mediterráneo a sus enemigos cristianos.

Cuando Fernando de Magallanes le ofreció a Carlos I el proyecto que terminó siendo la primera circunnavegación del globo, lo que realmente vendió el aventurero portugués, más taimado quizás que el propio Colón, era que conocía el pasaje para atravesar América y llegar a la Especiería, que podría reclamar como propia en su competencia contra Portugal. Magallanes no conocía ningún pasaje, fue improvisando sobre la marcha y llegó a Filipinas en 1521, poco antes que Cortés a Tenochtitlan, tan sólo para encontrar la muerte, atravesado por una lanza, al querer interferir en un conflicto local. Para ese año ya todos sabían dónde estaban las islas, pero muy pocos lograban llegar y nadie lograba volver.

Tras su regreso de España en 1530, Hernán Cortés organizó exploraciones siguiendo las órdenes y deseos de su emperador, pero creyó no tener éxito. Lo tuvo a medias. Una expedición bajo su patrocinio descubrió las Islas Marías, hasta hoy parte de México, y otras tantas descubrieron California. Una expedición más nunca volvió. Esa fue la que tuvo éxito, llegó a las islas, pero jamás encontraron una corriente para retornar a Nueva España.

Pero la esencia de la odisea hispana es el tornaviaje, y había que conocer la forma de ir a la Especiería y volver. En

1564 zarpa de costas mexicanas una expedición al mando de Andrés de Urdaneta y Miguel López de Legazpi, con unos cientos de españoles y mil tlaxcaltecas. Llegan a Luzón en 1565, y descubren que para volver sólo hay que navegar al norte, con rumbo de Japón, y de ahí tomar la corriente marítima que los dejará de vuelta en la Nueva España.

Filipinas se convirtió en una capitanía general gobernada desde la Ciudad de México y se integró formalmente al imperio; para 1611 ya había Universidad, en México la hubo desde 1551, con cátedra de Medicina desde 1571. El regreso de la expedición hispano-tlaxcalteca supuso el inicio de lo que por los siguientes dos siglos será la ruta comercial más importante y próspera de ese Nuevo Mundo global: el Galeón de Manila, conocido en México como *Nao de China*, aunque las naves no eran naos y jamás atracaban en China.

Junto a España, Tlaxcallan ganó la guerra contra los mexicas; ellos tomaron Tenochtitlan y con ellos comenzó la construcción de lo que hoy es México. A lo largo del siglo XVI se veían a sí mismos como conquistadores y colonizadores; no sólo llegaron al Oriente, sino que acompañaron a españoles y otomíes a poblar Centroamérica y el norte de México.

Desde muy temprano las autoridades virreinales se enfrentaron a la necesidad de poblar y fundar ciudades. Se repetía casi mil años después la historia de los orígenes de España. Hay que poblar y llevar civilización, y para eso hay que extender la frontera cultural construyendo ciudades. Pero no había suficiente población española, porque en realidad a

México llegaron muy pocos, y a los tlaxcaltecas no les interesaba conquistar algo que no fuera Tenochtitlan.

Para la Corona, la llegada de tlaxcaltecas a algún lugar era como si arribaran españoles. Eran cristianos, guerreros y súbditos leales de la Corona. Era fundamental convencerlos de la necesidad de empujar la frontera.

El primer intento de usarlos de fuerza colonizadora fue en 1534, cuando un grupo se lanzó a Perú y 750 tlaxcaltecas estuvieron relacionados con la fundación de Lima y la refundación de Cuzco. Más adelante, en 1559, un grupo de trece navíos zarpó rumbo a Florida con algunos españoles, y la fuerza de ataque más extraña nunca antes vista: mil tlaxcaltecas reforzados por mexicas.

La expedición fue un fracaso, la mayoría murió y algunos terminaron llegando a nado de Florida a Cuba para salvar la vida. En 1563 se pidió al gobierno virreinal que pagara para traerlos de regreso, pero la mayoría optó por quedarse y así llegaron los tlaxcaltecas al Caribe.

Después vino la expedición a Filipinas, que dejó población náhuatl para siempre en aquellas islas. Pero el momento más espectacular de esta historia fue cuando la Real Audiencia de Nueva España sostuvo rudas negociaciones con el cabildo de Tlaxcala, para que cuatrocientas familias tlaxcaltecas se unieran en una gran migración para colonizar y construir el norte.

El primer intento fue en 1560, cuando el gobierno solicitó a mil tlaxcaltecas que dejaran su hogar y fundaran otras ciudades; se exigió una exención de impuestos por diez años, que fue rechazada, y los eternos aliados se negaron. Para ese momento los españoles habían descubierto su buena relación con los otomíes, y fue con ellos el primer intento de colonizar el extenso desierto del norte.

El Virreinato vivía en eterno conflicto con los chichimecas del norte, en la eterna frontera entre la barbarie y la civilización; y para 1590 logró aplacar a dichas tribus a cambio de abastecerlos anualmente de carne y otros alimentos. Aun así, era necesario construir ciudades y una vez más se pensó en los tlaxcaltecas.

¿Qué pidió el virrey Luis de Velasco? Mil hombres tlaxcaltecas, que fueran tlatoque (plural de tlatoani), es decir, de casta gobernante, casados y con familia, que se organizaran para fundar y poblar ocho ciudades.

¿Qué pidieron los tlaxcaltecas al virrey? Disminuir la cantidad de fanegas de maíz que Tlaxcala entregaba como tributo simbólico, dado que habría mil personas menos para producir; ciudades libres de tributo, apoyo franciscano para impartir doctrina, reconocer la hidalguía de los colonos y sus descendientes, quedar libres de todo servicio personal, derecho de andar a caballo, y que sus pueblos fueran separados de toda autoridad española para responder directamente al rey.

Se escribieron y firmaron capitulaciones entre el virrey y el cabildo, y entre el 6 y el 9 de junio de 1591 comenzó la gran migración que terminó de formar Nueva España y parte de ese imperio donde efectivamente ya no se ponía el sol. Salieron cuatrocientos hombres, trescientas cuarenta y seis mujeres, ciento tres niños, ochenta y cuatro niñas y cincuenta y tres solteros. Ciudades mexicanas como Puebla, Culiacán, San Luis Potosí, Saltillo, Guadalupe, y otras hoy no mexicanas como Santa Fe de Nuevo México,

Guatemala, Santiago de los Caballeros y Manila, son producto de este intrépido episodio.

Pero si faltaba un capítulo folclórico sobre los tlaxcaltecas como fuerza de élite del imperio español, ninguno supera a la batalla de Cagayán de 1582, en la que guerreros tlaxcaltecas se enfrentaron a una serie de bandidos y piratas mezcla de chinos, japoneses, coreanos y filipinos.

Filipinas fue mucho más invadida y conquistada que México, y hubo que pelearla y defenderla contra muchos grupos humanos que las ambicionaban, además de los portugueses. Tiempo atrás ya había sido ocupada por migrantes, comerciantes y guerreros chinos, japoneses, indios y malayos, musulmanes y budistas; y precisamente en esa mezcolanza estaban cuando llegó la expedición de Urdaneta.

Desde 1565 había enfrentamientos contra japoneses y portugueses, y aunque España tenía un dominio bastante sólido para el siguiente año, las islas siguieron siempre disputadas, hasta que en 1580 un guerrero japonés obligó a la población de Cagayán, al norte de las islas, a jurarle fidelidad. El episodio en sí no deja de ser una escaramuza, pero una en la que guerreros tlaxcaltecas y españoles se enfrentaron contra piratas del extremo Oriente, en nombre de Felipe II, para mantener el dominio de México sobre las Filipinas.

Un imperio como el que se ha descrito, un dominio global como el que hemos estado refiriendo, no se lograría nunca con pueblos conquistados. Puedes obligar a los indios a cargar piedras, pero no puedes someterlos para que con ellas construyan una catedral cuyo arte sea majestuoso. Cada templo suntuoso de América habla de que no hay conquista.

La catedral de Puebla se llevó unos noventa años de construcción y fue dedicada solemnemente en 1649. La primera piedra de la Catedral de México fue colocada en 1571, y aunque fue dedicada en 1565, en realidad su construcción culminó en 1813. Nadie dedica doscientos cincuenta años a construir el templo de una colonia ni el de los conquistados. La catedral era para todos y por todos fue construida, por españoles, criollos, mestizos e indios. Una construcción de esas magnitudes y propósitos no es el proyecto de un gobierno central, menos aún de uno conquistador, es el proyecto de todo un pueblo. De todo un reino, dado que de él participan autoridades políticas, la Iglesia, los comerciantes, los gremios de artesanos y el pueblo.

Tlaxcallan colonizó porque quiso, lo hizo por voluntad y convicción, por considerar que había beneficio y tras firmar contratos legales. Los nobles patrocinaban acueductos para sus ciudades mientras que indios y frailes construían los de los pueblos; los gremios construían templos y las cofradías se peleaban por dotarlos y ornamentarlos; la Corona financiaba hospitales y universidades.

Se hacía comercio y se producían cosas que una generación atrás no existían. Se multiplicaron las actividades económicas y surgieron nuevos oficios. Comerciaban los indios entre sí, ellos con españoles, españoles entre sí, los virreinatos con España y España con el mundo.

Nada de lo anterior lo hace por la fuerza un pueblo conquistado; indios sometidos no luchan por su rey contra piratas al otro lado del mundo. En América se construyó una civilización. Al día siguiente de la conquista comenzó a nacer un imperio donde jamás se ponía el sol.

LOS NEGROS CUENTOS DE FRAY BARTOLOMÉ

¿Tenemos derecho de hacer lo que estamos haciendo? Al parecer esa fue la pregunta clave que se hizo Carlos I en referencia a América en algún momento de 1550. Detuvo todo plan por espacio de un año mientras teólogos, intelectuales y eruditos se dedicaron a debatir al respecto y hacer planteamientos. El centro del debate eran las terribles acusaciones de Bartolomé de las Casas sobre lo que los españoles estaban haciendo en el Nuevo Mundo.

El fraile nació en Sevilla alrededor de 1480, de familias ricas y nobles que fueron creciendo y prosperando durante combates de la reconquista. De sus primeros años sabemos que para 1495 ya estudia en la Universidad de Salamanca y que su familia era muy cercana a Cristóbal Colón, de hecho, su tío Juan de la Peña participó en el primer viaje.

El primer viaje de Colón es un episodio complejo. Quizás nunca sabremos bien a bien lo que el explorador le vendió a la reina Isabel, y menos aún qué es lo que ella compró. Vayamos por partes y comencemos por derribar el primer mito, ese en el que todos pensaban que la Tierra era plana (hay más gente con esa idea hoy que entonces) y que una de las audacias del almirante era postular su redondez, aunque para ello debiera de enfrentarse a todos los eruditos de su tiempo.

Todos los involucrados con el tema de la navegación sabían que el planeta es redondo. Eso nunca estuvo en discusión. Los sabios de Salamanca sabían que el planeta era redondo, lo que se discutía con don Cristóbal era precisamente el tema del tamaño, que, según él, era mucho más reducido de lo que resultó ser. Si sus cálculos eran equivocados, como en Salamanca sabían, todos en la expedición morirían de hambre, pero con los datos correctos no había forma de embarcar víveres suficientes para completar la travesía.

Se supone que Colón ofrecía una ruta a la India alrededor del planeta. Si no se hubiera encontrado con América todos hubieran muerto efectivamente de inanición. Hay quien dice que lo que ofrecía era una forma de atacar a los otomanos por la retaguardia, para lo cual nuevamente el planeta debería ser mucho más pequeño; y estamos los que pensamos que el muy truhán, tras navegar quince años para Portugal, ya sabía que había algo en medio.

Poco importa. Su motivación es de negocios, económica y comercial. Quiere encontrar oro y especias, o cualquier otra cosa valiosa en su defecto; y así comenzó la tragedia colombina para los americanos. No había oro, plata o especias en las Islas Remotísimas, pero encontraron nativos mansos que podían ser esclavizados; como algunos eran caníbales y por añadidura no se guiaban por la ley natural, no podían ser protegidos por ésta y debían ser esclavizados.

Es poco probable que un comportamiento ético y moral impecable por parte de los indios hubiera disuadido al almirante de esclavizar. El viaje era un negocio, un proyecto en el que llevaba trabajando casi diez años, y no iba a dejar de perseguir gloria y fortuna. Había muy poco oro, por lo que esclavizó desde el primer momento, y junto con él, Pedro de las Casas, padre de fray Bartolomé, que acompañó en el segundo viaje al genovés y regresó con seiscientos esclavos, uno de ellos como regalo para su hijo. Algunos ubican estos acontecimientos en el tercer viaje de 1498.

La conquista de las Indias y el negocio de tierras y esclavos estuvo desde el primer momento en la familia De las Casas, y desde temprana edad llamó la atención del joven Bartolomé, que terminó sus estudios universitarios y se enroló como doctrinero en la expedición de Nicolás de Ovando que zarpó de Sanlúcar de Barrameda en febrero de 1502. Esa en la que debió haber zarpado Cortés, que ya había coincidido con De las Casas en la universidad.

Llegó a la Española el 15 de abril y se convirtió de inmediato en encomendero y esclavista, participaba en cacerías de indios, a los que al parecer gustaba de torturar, y compraba esclavos negros, según su propia versión, para paliar la crisis demográfica del Caribe. No bastaban los esclavos indios. Es decir que durante décadas se dedicó a denunciar en todos los demás lo que él hizo durante años.

Bartolomé administró su encomienda en las Islas Remotísimas hasta 1506, momento en que volvió a Sevilla para posteriormente viajar a Roma, donde sería ordenado sacerdote. Cumplidas las formalidades, regresó al caribe a administrar sus tierras y sus esclavos.

Junto a Hernán Cortés, participó en 1514 en la expedición de conquista y colonización de Cuba, donde recibió otra encomienda y un grupo de indios esclavos a los que utilizó para buscar oro con el método de Colón, azotes y torturas para quien no cumpla su cuota. Un año después está de vuelta en Sevilla como un radical que acusa a todo y a todos de todo tipo de maltratos. Comenzó a hacer carrera en la corte y a denunciar a todos ante el rey Fernando, el cardenal Cisneros, y Adriano de Utrecht, preceptor de don Carlos y futuro papa Adriano VI, por maltratar a los indios.

Sus quejas fueron escuchadas y en 1516 fue nombrado asesor de la junta de Jerónimos que gobernaba el Caribe. También descubrió dos cosas; primero, que la dramatización daba buenos frutos políticos, y segundo, que lo suyo no era ser predicador o protector de indios, sino hacer política. Para 1518 está de nuevo en Sevilla, donde obtiene permiso de fundar una misión para poner a todos a vivir como Dios manda. Fundó la misión de Cumaná en 1521 y fue un fracaso total a causa de su autoritarismo. La abandonó en 1522.

Para este momento, entre 1502 y 1522 se ha dedicado más a viajar y a crecer en la burocracia sevillana que a estar en América atendiendo a los indios que dice proteger, entre los que nunca predicó y cuyas lenguas jamás se molestó en aprender. Aquí viene el lapso misterioso de su vida porque desaparece por espacio de una década, se hace dominico y al parecer viaja por Centroamérica entre las tierras de los mayas.

Fray Bartolomé aparece de nuevo en la escena pública en torno a 1532, en Veracruz, sin encomiendas y sin esclavos, puesto que ha renunciado a todo ello al ingresar a la orden dominica. En 1534 fue mediador de paz en una serie de conflictos en la isla La Española, y entre 1535 y 1537 no dejó de viajar entre Guatemala y Tlaxcala, lo que nos dice que estuvo más tiempo trasladándose que en los lugares en los que supuestamente estaba.

En 1540 volvió a España con una lista de quejas y nombres relacionados con el maltrato, y fue asesor del rey en la elaboración de las Leyes Nuevas de 1542 sobre el trato a los indios. Ya de regreso en América jamás impuso dichas leyes por él propuestas, porque le generan conflictos con los españoles. En 1543 fue nombrado obispo de Chiapas, donde al parecer tuvo varios problemas administrativos, en gran medida por los vinos caros traídos de España y que gustaba de consumir a costa de sus feligreses. A lo largo de los siguientes tres años viajó por Chiapas, Guatemala, Campeche y la Ciudad de México promoviendo la nueva legislación. Le gustaba más la política que la religión y mucho más la autoridad que la prédica.

Para 1547 Bartolomé vuelve a España, donde renunció a su cargo de obispo y se dedicó a la política relacionada con las Indias y al debate sobre cómo debería llevarse a cabo la evangelización de los indios, todo lo cual llevó a la Controversia de Valladolid en 1550. Es allí donde el propio rey y emperador se pregunta sobre la validez de lo que España está haciendo en América. Dos años después publicó su celebérrima obra *Brevísima relación de la destrucción de las Indias*.

Esta obra es fundamental para esta historia porque denuncia todos los abusos, maltratos y crueldades llevadas a cabo por los españoles en América. Todos, los reales, los exagerados y los imaginarios. Los números de De las Casas son ridículos por el nivel de exageración exacerbada al punto de hacerla inverosímil. Y aun así se cree.

La obra fue publicada en Sevilla en 1552, pero De las Casas viene trabajando en apuntes por lo menos desde 1540, con el detalle de que va cambiando datos y números a cada nuevo borrador. El asesinato masivo por parte de los españoles es brutal, tan terrible que es de no creerse..., literal de no creerse. Primero son doce millones de muertos, luego eleva la cifra a quince millones y termina redondeándola en veinticuatro.

Ni siquiera existe esa población. Además, quedándonos con un punto medio y conformándonos con la cifra de quince millones de muertos, los españoles deberían haber matado trescientos setenta y cinco mil indios por año, es decir, más de mil diarios. Imposible con la tecnología bélica de hoy, pero realidad para las ballestas españolas del siglo XVI.

Mucho se lee a De las Casas y se confía en él ciegamente a pesar de los absurdos, pero nada se lee al que fue su detractor toda la vida, el humilde y pobre Motolinía, Toribio de Benavente. Eran tales los desmanes de fray Bartolomé que el religioso franciscano escribió sobre él a don Carlos:

> Para con unos poquillos cánones que el de Las Casas oyó, él se atreve a mucho, y muy grande parece su desorden y poca su humildad. Piensa que todos yerran y que sólo él acierta [...] Yo me maravillo cómo Vuestra Majestad y los de vuestros Consejos han podido sufrir tanto tiempo a un hombre tan

> pesado, inquieto e importuno, bullicioso y pleitista, en hábito de religión, tan desasosegado, tan mal criado y tan injuriador y perjudicial y tan sin reposo.
>
> No tiene razón el de Las Casas al decir lo que dice, y es un mercenario y no un pastor por haber abandonado a sus ovejas para dedicarse a denigrar a los demás [...]. A los conquistadores y encomenderos y a los mercaderes los llama tiranos robadores, violentadores, raptores; dice que siempre y cada día están tiranizando a los indios. Todos los conquistadores han sido robadores, raptores y los más calificados en mal y crueldad que nunca jamás fueron. Todos los conquistadores, dice, sin sacar ninguno.
>
> No procuró de saber sino lo malo y no lo bueno, ni tuvo sosiego, ni aprendió lengua de indios ni se humilló, ni aplicó a enseñar. Su oficio fue escribir procesos y pecados que por todas partes han hecho los españoles: y ciertamente solo este oficio no lo llevará al cielo.

No son pocas las quejas y críticas del franciscano al dominico. Desordenado, arrogante y sin humildad, bullicioso y pleitista, todos están mal menos él, ve la viga en el ojo ajeno, pero nunca en el propio. Mercenario y no pastor, no cuida a sus ovejas, ni predica, ni aprende su lengua. Se dedica a la política y no al servicio espiritual.

Mucho de eso tiene fray Bartolomé. Personalidad mesiánica y narcisista, necesitado sobremanera de atención, pero sobre todo con alma de político, y para colmo de males de político populista que vive del conflicto, porque esos no nacieron en el siglo XXI. Decir que en los primeros años murieron hasta veinticinco millones de personas ahí donde no habría más de diez millones de habitantes le quita la credibilidad para todo lo demás.

Pero lo suyo es hacer carrera política. Le gustan las oficinas y los despachos, las cortes y las servidumbres, el lujo y la ostentación, el vino y los aplausos. Y parece estar dispuesto a lo que sea por conseguir todo eso. Lo suyo es la política y descubre que la causa de los indios es un buen tema para crecer y hacer carrera. Más aún su sufrimiento, más aún si es exagerado.

Motolinía dice al emperador: "Yo entonces dije al de las Casas: ¿cómo? Padre, ¿todos vuestros celos y amor que decís que tenéis a los indios, se acaba en traerlos cargados y andar escribiendo vidas de españoles y fatigando a los indios, que sólo vuestra caridad traéis cargados más indios que treinta frailes? Y pues un indio no bautizáis ni doctrináis, bien sería que pagases a cuantos traéis cargados y fatigados [...]".

Esa es otra constante de Benavente. Denuncia constantemente al protector de los indios de someter a los indios. Ya no es un encomendero con esclavos como en su juventud, pero sí un obispo con aires de gran señor con toda una servidumbre a la que no duda en exigir de más. Los hace cargar y trabajar todo el día mientras él se dedica a escribir cartas y documentos acusando a todos.

No hay que olvidar que Motolinía llegó con los primeros apóstoles de 1524, que vivió en esa pobreza y humildad característica de los franciscanos, que enseñó, predicó y aprendió las lenguas, que fue de hecho y en práctica un verdadero protector de los indios. Termina su exposición ante su rey con una sencillez total: "lo que así escribe no es todo cierto ni muy averiguado [...] por cierto, que los Indios de esta nueva España están bien tratados, y tienen menos pecho y tributo que los Labradores de la vieja España, cada uno en su manera...".

Hay una constante en los escritos de fray Bartolomé de las Casas: constantemente habla en vago e impreciso. "Dicen", "oí y escuché", "han contado". Nunca dice ni cuándo ni dónde se llevaron a cabo los horrores que describe, no menciona lugares o pueblos ni mucho menos nombres, con lo cual se podrían tomar acciones. Y aunque escribe como si él fuera testigo presencial de cada acto, lo cual es imposible, deja en claro que nunca hizo nada para evitarlos.

Bartolomé de las Casas miente. A saber por qué, pero es evidente. Pero más grave que su libro lleno de acusaciones falaces es el uso que le dieron los enemigos de España de ese entonces, comenzando por el noble alemán William de Orange, líder de los rebeldes neerlandeses contra la Corona española en la llamada Guerra de los Ochenta Años, en la que los Países Bajos terminan por independizarse de España en 1648.

William de Orange (1533-1584) exageró más todavía los datos de la *Brevísima...*, pero el toque dramático se lo dio con la inteligencia artificial de aquella época. Contrató ilustradores para agregar grabados de todo tipo de masacres totalmente alejados de la realidad. En la versión de Orange no sólo se habla de millones de muertos, sino que se ven escenas imposibles como dos españoles cortando a la mitad a seis indios con la misma sierra, un grupo de indios colgados como jamones, españoles apostando a ver quién puede cortar a un indio por la mitad de un solo golpe de espada, y desde luego, indios rostizándose como pollos en una fogata de los conquistadores.

Las guerras se han librado en varios frentes desde siempre, no sólo ahora. Estamos acostumbrados a que los ardides bélicos de la modernidad incluyan bajezas como el *hackeo*, los grupos de mercenarios, la propaganda y, desde luego, las noticias falsas, pero eso no es nada nuevo. William de Orange usó espías (*hackeo*), piratas a sueldo, propaganda religiosa anticatólica…, y la versión corregida, aumentada y exagerada de la *Brevísima relación de la destrucción de las Indias.*

Los neerlandeses la usaron en su guerra contra España como propaganda y justificación, y cuando más adelante el choque de potencias fue contra los ingleses, el imperio británico se dedicó a la propagación de la versión adulterada de la *Brevísima…*, con todo y sus ilustraciones imposibles.

Las falsificaciones hechas desde el poder son la columna vertebral de las narrativas históricas, sobre todo si dichas falacias fueron parte de una guerra que haya sido ganada. Es el caso del mundo hispano. Fuimos derrotados como unidad porque nos comenzaron a contar muchas historias terribles y en algún momento empezamos a creerlas.

Los cuentos de Bartolomé son sin duda la raíz de una leyenda que se hizo cada vez más negra, pero es importante comprender el contexto en el que todo esto se desarrolla. Es el siglo XVI, no existen ni de cerca las identidades nacionales como hoy las sentimos y comprendemos; la identidad gira en torno a la cristiandad mucho más que a

España, que se van integrando lentamente, y la lealtad no es con un pueblo o patria, sino con un señor.

Las guerras de propaganda en esta época son ante todo religiosas, porque quiso la fuerza de la historia que cuando España está iniciando su aventura americana, un monje alemán está clavando el clavo que generará la grieta más grande en el templo de la cristiandad.

Los católicos acusarán de herejes y anticristos a los luteranos y sus posteriores variantes que aún no dejan de nacer, mientras que esta variedad de llamados protestantes o reformados acusan a la Iglesia de ser Satán en la Tierra, al papa de ser representante de la falsedad y la mentira y a los creyentes de ser papistas y sostener con su ignorancia toda esta maldad.

El imperio español estará en guerra con el británico desde la segunda mitad del siglo XVI hasta la primera mitad del siglo XIX. La guerra evidentemente la ganó Inglaterra y este choque de imperios incluyó ataques por todos los frentes; a veces fueron batallas formales, otras tantas ataques mercenarios, unas más corsarios de la Corona, y siempre estuvo abierto el frente de la propaganda y la desinformación.

Comenzó una guerra ideológica de Inglaterra contra España que Estados Unidos continuó contra México a partir del siglo XIX. Con el paso de los siglos la narrativa de ataque parecerá cada vez más política que religiosa, pero en lo más profundo de su esencia siempre tiene la interpretación bíblica y doctrina.

Dios les dio América a los españoles para convertir nuevas almas y reparar así el daño de Lutero y Calvino en el

Viejo Mundo; ese será un argumento que siempre gustó en España. Además, los herejes no tienen derecho a tierras. Pero los calvinistas holandeses, escoceses e ingleses que partieron a Norteamérica en 1620 terminaron contando el cuento de ellos como nuevo pueblo elegido y el nuevo continente como su tierra prometida. Sólo hay una condición: ser blanco, anglosajón y protestante.

Esa leyenda puritana retomada del mito hebreo, o del mexica podría ser, terminó por llamarse Destino Manifiesto y fue la política bajo la cual el naciente Estados Unidos despojó a México del territorio que era suyo porque lo había explorado y conquistado España. Es la centuria de la Revolución industrial, pero el fondo del discurso sigue siendo religioso.

Inglaterra evolucionó también con sus narrativas. En los siglos XVI y XVII fue la *Brevísima...* de fray Bartolomé como forma de quitar autoridad ética y moral a los católicos. Para el siglo XVIII será el panfleto político titulado "Propuesta para humillar a España", y para el siglo XIX serán los cuentos que los británicos cuentan a un puñado de criollos rebeldes en las logias de Londres.

Muchas cosas salieron mal en América al día siguiente de la conquista; las malas prácticas del Caribe continuaron por mucho tiempo, los conquistadores sienten que tienen derecho a recompensa en forma de botín y de indios, bajo el esquema que sea; hay esclavistas, ambiciosos de poder y malandrines de toda ralea. Pero también hay desde un inicio la intención de contener esos males.

Muchas cosas salieron bien en América al día siguiente de la conquista. Hubo historias de amor y mestizaje, hubo alianzas que se honraron, pueblos que aprendieron a comprenderse, reinos que nacieron y una civilización que se construyó a lo largo de trescientos años.

Es importante contar toda la historia, pero es vital no caer en leyendas. No una de color rosa, porque siempre parece nacionalista, católica y condescendiente. El encuentro fue difícil y violento, hubo pestes y epidemias, errores y abusos. Pero no una de color negro, porque pasó lo que ha pasado en la historia humana desde el inicio de la civilización; los encuentros son violentos, pero algunos son profundamente generadores, y quizás ninguna expansión de civilización fue tan floreciente, dinámica, productiva y humanista como la que tuvo España.

Al día siguiente de la conquista España se comportó como nadie ante lo que había hecho y quizás nadie haga jamás. España reflexionó y pensó, convocó a eruditos y organizó concilios, construyó ciudades y leyes, comprendió el abismo cultural y fomentó el sincretismo, hizo mestizaje, pobló un mundo y lo llenó de una red de templos, hospitales, colegios y universidades.

Pero la historia fantástica de la utopía americana, falsa pero necesaria para sostener la versión negra de conquista y genocidio, es falsa. América era parte del mundo y sus habitantes lo eran de la especie humana. Había malicia, enfermedad y corrupción a la vez que filosofía, arte y conocimientos. También había una serie de condiciones que imposibilitaban el desarrollo pleno de esos pueblos sin la llegada de un impulso exógeno.

La leyenda negra del español junto a la leyenda áurea de los mexicas son los dos pilares, necesariamente entrelazados, que sostienen toda la versión de odio contra nosotros mismos y que mantenemos en el siglo actual. No deja de ser curioso que todo se sostenga en la utopía americana, una serie de ideales y sueños desarrollados en el siglo XVI por escritores de gabinete que nunca viajaron a América.

¿Quién establece tu narrativa histórica? ¿Quién tiene ese poder sobre ti? ¿Es posible estar orgullosos de lo que somos, a la vez que despreciamos el pasado que nos hizo ser eso exactamente? Hemos caído víctimas de narrativas que nos hacen odiar profundamente lo que somos, es momento de contarnos otra historia.

EL SUEÑO DE LAS INDIAS

Al día siguiente de la conquista hubo sueños e ideales. No todos se cumplieron o salieron bien, muchos de ellos ni siquiera fueron objetivos o sensatos. Hubo muchas alianzas, y con ellas, evidentemente promesas y convenios, confianzas y lealtades; sueños, ideales y ambiciones, pero también traiciones y mentiras. También se impuso el peso de la realidad y del transcurrir de los tiempos.

Cortés llegó a soñar con un reino propio. Quizás lo merecía y hubiera sido suyo en otros tiempos, como la Valencia del Cid, pero nacía el mundo moderno en el que se centralizaban las administraciones y se monopolizaba el poder. El conquistador se vio como un tlatoani, con una red de alianzas con los señores, una espiritualidad guiada por franciscanos y una horda de hombres viajando solteros a las Indias para ser parte de esta arcadia mestiza. Era muy bonito y absolutamente disparatado.

Cortés quería dejar en el poder de los Altépetl a todos y cada uno de los tlatoque y ser señor de señores; organizar un reino próspero y exuberante que reconociera a don

Carlos como gran soberano, le rindiera su lealtad y le enviara su quinto real, pero básicamente independiente. Del lado americano lo hubiera logrado, pero la máquina de la burocracia y administración española no tardó en apersonarse y dejar ver su poder. La institución por encima del individuo.

Una cosa es el sueño de los conquistadores de Tenochtitlan, tanto españoles como indios, y las alianzas señoriales que ellos pacten, como Cortés recibiendo hijas de los señores locales con propuestas matrimoniales, o sus sueños de nobleza mestiza engendrando a Leonor de Cortés y Moctezuma con la hija del tlatoani, la princesa Tecuichpo, bautizada como doña Isabel. Hernán Cortés tenía grandes planes. Otra cosa son los planes y estrategias de la Corona. El conquistador no deja de ser uno más de los que al cruzar el océano fue construyendo su propia versión de la utopía americana.

Bien se lo preguntó el tlatoani al conquistador: "¿Cuántos vienen detrás de ti?". Bien lo sabía Hernán Cortés: "... nunca dejaremos de llegar". Esa realidad es la que ahora se volvía en su contra. Cortés llegó a generar un aura mesiánica en torno a su persona y con ella una autoridad legítima e incuestionable..., pero sólo para los que vivieron la aventura con él. Todos entre su gente, indios y españoles, están con él. Pero no dejan de llegar, y los que llegan no son parte de esa visión.

Llegan burócratas que han hecho camino en la corte y se creen con méritos por encima de los de un conquistador que al final sólo es un arribista con suerte, llegan administradores y políticos con la autoridad del rey; llegan comerciantes que seguirán las leyes y normas de la Casa de Contratación y del Virreinato, y llegan las hordas de aventureros convencidos de que el único mérito de Cortés fue haber estado en el momento correcto en el sitio correcto, y que ellos no merecen menos oportunidades de conquistar un pedazo de tierra, siempre firmando capitulaciones con la Corona, lo que nunca hizo Hernán Cortés.

Es decir que al día siguiente de la conquista el conquistador comenzó a perder lo conquistado, y con ello todos sus sueños. Durante su vida en Nueva España entre 1530 y 1540 era admirado y respetado por todos, era el Marqués del Valle con unos dominios incalculables, pero era también un súbdito más y ya.

Indios y españoles trabajando juntos, dominando América para Dios, construyendo una versión mestiza de España y guiados por frailes franciscanos. Ese era más o menos el sueño de Hernán Cortés en América. Cuando Felipe II comenzó a comprender sus dominios, a ubicarlos en el mapa y a vislumbrar sus posibilidades, no hubo cabida para ese sueño.

Murió Cortés junto a Sevilla el 2 de diciembre de 1547. Había vuelto a España en 1540 para buscar justicia y retribución por parte del emperador, pero éste ya no quiso recibirlo. Se le rindieron honores nuevamente por parte de algunos nobles, pero no tantos; fue admirado y homenajeado, pero no al mismo nivel; fue invitado a la boda de don Felipe, pero no tuvo audiencia con él.

No perdió el tiempo, escribió y se rodeó de intelectuales y académicos, se hizo más espiritual y comenzó a escuchar misa a diario. Quiso volver a su Nueva España, pero la enfermedad no se lo permitió. Las órdenes de don Carlos y después de don Felipe tampoco dejaron a los hijos del conquistador llevarse el cadáver de su padre, que pudo volver a México en 1566 en medio de una revuelta de independencia, de estrepitoso resultado, orquestada por sus propios vástagos.

La Nueva España a la que llegan los restos del conquistador no es en absoluto la que dejó con vida veintiséis años atrás. Se han fundado reinos hacia el norte, hay diez ciudades que él jamás hubiese imaginado, su Hospital de Jesús funciona y hay otros tantos, hay colegio y universidad y la nobleza nahua sigue gobernando la zona lacustre.

Para 1567, mientras sus tres hijos varones están en la cárcel por rebeldes, un tercer virrey, Gastón de Peralta, está entregando el mando a Martín Enriques de Almanza, y el dominico Alonso de Montúfar es segundo obispo tras la muerte del franciscano Juan de Zumárraga. Todo marcha bien. Hay prósperas minas y opulentas ciudades, hay comercio por el océano Pacífico, y unos treinta mil españoles coexisten en ese espacio con un millón de indios.

¡Un millón de indios! Esa noticia es la que hubiera sentado fatal en el ánimo de Hernán Cortés. La viruela y otras enfermedades han sido evidentemente imbatibles. Pero también hubiera visto a toda una generación de mestizos, la primera en la historia del país naciente, derivado de que gran parte de los conquistadores originales se establecieron con mujeres indias.

Buen momento para preguntarnos de nuevo quién conquistó México y darnos respuestas menos dañinas e infantiles que las que pretenden que cuatrocientas personas pueden llevar a cabo una invasión, que un puñado de andrajosos malolientes puede conquistar una civilización superior que, aunque son casi iluminados, confunden a dichos harapientos con dioses, o que doce caballos y trece ballestas hicieron caer a un país.

Para 1521 Cortés y sus hombres eran alrededor de mil personas. La población indígena de Mesoamérica y Yucatán sería de unos 10 millones en el más laxo de los cálculos. Eso es el "México" de entonces, un millar de aventureros completamente azorados mientras llevan a cabo las peripecias que les permiten establecerse en medio de esos diez millones que son parte de diversos pueblos que se matan entre sí.

Para 1530 hay unos diez mil españoles; la población es de treinta mil para 1580 y de sesenta mil para 1640. En ese año la población indígena llega a su mínimo y es de unos setecientos cincuenta mil. Menos de un millón de personas habitan el reino de Nueva España en el ecuador del siglo XVII, y a pesar de la tragedia demográfica y bacteriológica, los indios son más del ochenta por ciento de dicha población.

Como no hubo nunca una política de genocidio, la población indiana se comenzó a recuperar a partir de 1650 hasta llegar a unos cuatro millones de personas para los tiempos de la independencia de un reino de seis millones de habitantes en 1821. Para ese momento son tan sólo el sesenta por ciento, no por exterminio, sino por mezcla. Los otros dos millones de habitantes son mestizos y criollos y hay unos quince mil peninsulares.

¡Quince mil peninsulares sostienen una conquista y una invasión! Absurdo. En todo momento de esta historia compartida la presencia española es burocrática y administrativa, nunca militar, y son el mestizaje y la viruela los responsables de la reducción de población ciento por ciento indígena.

Nos enfrentamos a un proceso migratorio sin igual porque es a través de un océano, y eso nunca había pasado. Un proceso tremendo porque los que llegan lo hacen en un estadio cultural de miles de años de distancia con el de los locales; y uno muy interesante porque esos pocos que llegaron se adaptaron muy poco a una inmensa mayoría que se adaptó mucho a ellos, quizás por lo de la enorme distancia tecnológica.

Felipe II murió en 1598 y en su imperio que daba la vuelta al planeta jamás se ponía el sol. Con él muere también una etapa de la historia de España, de México y de la hispanidad que no podía vivir más tiempo y que no podrá regresar más. Con el cambio de siglo se extingue también el sueño original de las Indias, la utopía mestiza, el edén americano de indios y franciscanos, el imperio que crece motivado por la fe, la monarquía universal que sostiene a la cristiandad en todo el orbe. Nada de eso tiene cómo existir ya en el siglo XVI.

España nació con el cambio del siglo XV al XVI, en uno de esos nudos históricos en los que todo se estaba transformando de forma vertiginosa después de centurias completas casi sin transformación. Termina de acabar el Medioevo y están naciendo los Estados centralizados y poderosos de la modernidad; está cambiando la lealtad religiosa por la nacional y se construyen las grandes y poderosas monarquías que sueñan con un poder absoluto que, por cierto, nunca tienen del todo.

Cortés era un cruzado y don Carlos un caballero de la cristiandad católica. Ese mundo terminó de morir a lo largo de la centuria. Los años 1600 son diferentes, son de avance por el planeta y desarrollo de la ciencia, es la era en que Francia e Inglaterra comienzan su propia aventura alrededor del mundo y generan una globalización muy diferente y mucho menos humanista que la creada por España. La fe deja de importar y la mayor preocupación de todo monarca será la economía y el beneficio.

Los reyes católicos lograron unificar una pequeña península y alcanzaron a vislumbrar que habían encontrado un mundo nuevo, sin que eso los pueda hacer dimensionar el futuro imperio de sus descendientes. Carlos dominó gran parte de Europa y Felipe gobernó alrededor del mundo. Pero otros comenzaron a llegar.

¿Qué le falló a España? Nada. España es el reflejo de una época y creó un imperio que es principalísimo símbolo y manifestación de dicha época. Pero así como nació en el convulso siglo XVI, murió en el revolucionario siglo XIX. Francia e Inglaterra, los que comenzaron a llegar y a crecer después, hicieron colonias, sometieron territorios, esclavizaron poblaciones, esquilmaron recursos y sentaron las bases de una Revolución industrial que los hará las grandes potencias decimonónicas.

Lo malo es que España completa, desde los Pirineos hasta la Tierra de Fuego, terminó por comprar la historia que los otros cuentan sobre nosotros, y llegó a creer que los españoles hicieron colonias, sometieron territorios, esclavizaron poblaciones y esquilmaron recursos.

Murió Felipe II y a lo largo del siglo XVII se fue transformando por completo la realidad de las Indias, que ya era América para todos. Dos tragedias dinásticas hicieron que todo comenzara a ser diferente al día siguiente de la conquista; la primera son los llamados Austrias menores, que reinan en el siglo XVII y no son ni la mitad de lo que fueron los fundadores de su dinastía, Carlos y Felipe. La segunda es el fin de la dinastía en 1700 y la llegada de los Borbón al trono de España. Son franceses y ven todo diferente. Les importa Europa y no América, y en un principio les importa más Francia que España.

Pero el tema fundamental es que ven colonias donde los Habsburgo veían reino, ven falta de autoridad donde los Austrias veían autogestión, y ven por encima de todo la posibilidad de sangrar la economía que para ellos es colonial en aras de fortalecer lo que ellos ven como Metrópoli. Dos siglos después de la caída de Tenochtitlan los Borbón conquistaron la Nueva España que nació entre esas cenizas.

El siglo en el que se desarrolla la filosofía laica y atea más importante que ha generado Occidente, la Ilustración, sólo podía golpear muy fuerte a un reino construido por la fe, en tiempos en los que Dios aún no había muerto. Los propios criollos, los españoles de América, se decantarán más por Francia y sus ideas de modernidad que por la opción representada por la hispanidad.

España apestaba a rancio y a oscuridad frente a las ideas que franceses e ingleses vendían como luminosas y frescas. Con los Borbón llegaron las reformas. Centralizaron la economía, cambiaron las relaciones políticas, despojaron de todo poder a cualquier indio americano que aún lo tuviera, prohibieron conventos, dictaminaron el fin de las lenguas nativas y que la doctrina se diera sólo en español, y expulsaron a los jesuitas. Los Borbón fueron un reflejo de su tiempo y significaron el fin del sueño de las Indias.

HISPANIDAD EXILIADA

Al día siguiente de la conquista comenzamos a crear una civilización, y al día siguiente de la independencia comenzamos a negarla. Ese podría ser el resumen de nuestra historia común. Una civilización exiliada de sí misma por su propia narrativa histórica. Eso es la hispanidad, un sueño frustrado, una negación y, desde luego, una posibilidad.

España nació simultáneamente en ambos lados del Mar Océano, y la lengua de Castilla de pronto le dio la vuelta al planeta. En el siglo actual, casi seiscientos millones de humanos comprendemos el mundo, y entre nosotros, en nuestra lengua universal, con la terrible paradoja de que en la América, que es hispana y no latina, rechazamos esa hispanidad en español, con lo cual no podemos sino odiarnos a nosotros mismos.

En la América hispana nos encanta el mito de nuestra hermandad, sin advertir que lo que nos hace hermanos no es nuestra raíz indígena, sino la que todos tenemos en común: la hispanidad, una civilización malograda porque fue rechazada por nosotros mismos cuando caímos en la trampa de leyendas negras. De un lado del Atlántico contamos la historia con rencor y del otro lado con culpa. En ningún caso es posible sentir orgullo por lo que somos, y así terminamos por no ser nada.

En 1566 regresaron a Nueva España los restos del fundador del país, y en medio de las trifulcas políticas provocadas por sus hijos, que en realidad representaban a los hijos de los conquistadores que no querían perder las encomiendas de sus padres, fue inhumado en el Convento de San Francisco de Texcoco. No estaba donde había pedido, pero estaba en casa y con sus frailes. No había terminado de llegar y siguió viajando después de la muerte.

En 1629 murió en la Ciudad de México su último descendiente por vía masculina, su bisnieto don Pedro Cortés, y las autoridades sugirieron enterrarlos juntos en el Templo de San Francisco de la capital mexicana, una cortina de humo para que nadie pusiera atención en la extinción de su marquesado, que la Corona quería bajo su poder.

Durmió con los franciscanos hasta que se decidió que era momento de cumplir sus últimas voluntades y enterrarlo donde solicitó, en el Hospital de Jesús por él fundado. Así, en 1794, Hernán Cortés fue inhumado en el Templo de Jesús Nazareno, contiguo al hospital, con honores del *Padre de la Patria*. Presidían el virrey y el arzobispo. Un joven y talentoso dominico, fray Servando Teresa de Mier, dio el sermón y discurso laudatorio donde encumbró a Cortés al nivel de enviado de Dios.

Ahí descansó Cortés por un tiempo, sus huesos envueltos en un paño de seda, dentro de una urna de cristal cortado con piedras incrustadas, en un altar de mármol junto a un obelisco de siete metros de altura. Pero los tiempos ya habían cambiado, la cabeza de Luis XVI ya había caído bajo el peso de la guillotina en una plaza dedicada a la concordia, y un teniente de artillería, francés por casualidad y conveniencia, comenzaba a sentir la comezón del poder político, después de masacrar a cañonazos a los franceses que ansiaban volver a la monarquía.

Treinta años después, en 1823, el mismo Teresa de Mier, liberado de sus votos, dio un discurso maldiciendo a Hernán Cortés y promoviendo entre la turba iracunda la idea de quemar los restos de ese padre caído para expiar con ello todos los pecados de la patria y alcanzar la prosperidad prometida con la independencia y que no había llegado aún.

¿Qué cambió? El mundo, y con él los intereses políticos y por lo tanto la narrativa. El teniente de artillería dio un golpe de Estado, se proclamó cónsul, se ascendió a emperador de Francia, quiso conquistar Europa e invadió España. En el proceso, con narrativas y presupuesto ingleses, comenzaron las guerras de secesión del imperio español.

México nació un tanto sin saberlo y otro tanto sin pensarlo. El nuevo país, independiente y sin rumbo, necesitaba justificar sus fracasos, y el ex sacerdote Servando era parte del nuevo gobierno republicano que había derrocado al libertador Agustín de Iturbide. Había que quemar los restos de Cortés. Todo comenzó a ser culpa de España.

Los restos no fueron incinerados. Antes de que la multitud profanara la nueva tumba del conquistador, don Lucas Alamán, uno de los grandes genios de la época, ministro del gobierno y de casualidad abogado de los herederos de Cortés, los tomó primero y los puso a salvo. Escondió la urna donde nadie la hubiera buscado; ahí mismo, pero debajo del piso. Algunos años después cambió los restos de lugar dentro del mismo templo y los ocultó en la pared en la que fueron encontrados en 1947.

A diferencia de otros pueblos, nosotros interpretamos de forma muy distinta la era de la caída de las monarquías. Los franceses rompieron con su rey y su corona, los ingleses sometieron a la suya y los colonos americanos rompieron con el imperio…, pero ninguno de ellos negó su pasado. Los hispanos de América, en cambio, mal aconsejados por los ingleses, rompieron con su rey, y de una vez con su origen, su cultura, su historia, su civilización y su propia identidad. Les dijeron que valía la pena despreciar lo que eran, y lo creyeron.

Con la caída del imperio comenzamos a negar lo que somos y a despreciar nuestra hispanidad; el único proyecto que podría funcionarle a la América mal llamada latina, pero el único que ha rechazado durante doscientos años.

Todo un mundo, una civilización por derecho propio, incapaz de encontrar su lugar en este planeta, creando narrativas fantasiosas y falsos culpables, inventando inexistentes conquistas. Todo con tal de no aceptar que fuimos engañados, todo con tal de negar el fracaso. Todo por una historia mal contada que nos tiene desde hace doscientos años en el exilio.

Más de quinientos millones de seres humanos compartimos historia, cultura y cosmovisión; somos sin embargo un pueblo exiliado. Medio millardo de humanos confundidos, españoles buscando su Ser en Europa y americanos buscándolo desesperadamente entre el pasado y la imaginación, cuando nos une lo más importante que puede compartir una comunidad, el sistema de símbolos con el que se interpreta el mundo: la lengua.

¿Pero por qué cayó el imperio? Probablemente porque cambiaron los tiempos, las potencias van y vienen y los ingleses comenzaron su encumbramiento a través de su propio estilo de expandirse por el mundo. Cayó porque nada es para siempre, pero quizás lo más importante es que cayó porque con el andar de los siglos fue muriendo el sueño de las Indias.

Una vez pasadas las tropelías de Colón y su estirpe en el Caribe, y el caos de treinta años de saqueo indiscriminado y esclavismo, las leyes y las instituciones comenzaron a llegar desde España a las Indias. Atención con eso; la Corona manda burócratas, tesoreros y administradores, también gobernantes, políticos, escribanos, notarios, legisladores y jueces, y para que todo funcione, envía frailes.

Todo eso que la Corona manda al otro lado del océano después de 1514 en las Islas Remotísimas, y a partir de 1522 en Nueva España, no tiene como objetivo imponer leyes sobre indios que han sido conquistados; todo es para mantener en orden a los propios españoles, que podrían hacerse demasiado libertinos y excesivos sin la presencia de la autoridad.

Las leyes llegan para extender el imperio, entendido como dominio, en este caso el de las pasiones de los individuos, para empezar. Leyes e instituciones llegan para que no falte el orden en el llamado Nuevo Mundo; conforme los pueblos van pactando más adelante con Cortés, se incorporan a la protección de ese entramado legal.

Pasadas las tropelías del clan Colón y el infierno que desataron en las islas, comenzó en tierra firme el sueño de las Indias. El sueño, desde luego, era muy disímbolo. Para muchos era el más burdo de todos: fortuna y gloria; otros por encima de la riqueza veían también la oportunidad de convertirse en señores, muchos sueñan con conocer el mundo, con descubrir algo y pasar a la historia, con dejar la vida común y corriente de España y tener aventuras en las Indias. Tener tierras, encontrar oro.

Pero también hay sueños idealistas y sin ir más lejos hay que comenzar por Hernán Cortés. Soñaba con ir más allá, su ansia de aventura y de riqueza se juntó con su celo religioso y la educación de caballero cristiano que recibió en la juventud. De pronto soñaba con algo grande sin tener muy claro el qué.

Cortés salió de Cuba para no volver. Hundió sus barcos y quemó el pasado. Comenzó a urdir alianzas y buscar lealtades, a fundar villas y firmar pactos. Comenzó a germinar en su mente su propia utopía de las Indias, no con el buen salvaje del que hablaban los que nunca habían subido a un barco, sino con los indios reales, humanos de carne y hueso, con alma, pasiones y emociones, con deseos de venganza y con aspiración al bien. Por eso llamó a los franciscanos de su propio feudo en Belvis de Monroy.

Hernán Cortés soñó con una utopía mestiza, cristiana y franciscana, bajo la soberanía del más católico de los monarcas, pero libre en sus actuares. Pocos de sus hombres seguían ese sueño, pero algunos lo intentaron; otros más siguieron su sed de aventura y gloria. Muchos entre los aliados indios gustaron del sueño de Hernán Cortés, y los franciscanos que llegaron en 1524 y los que siguieron arribando en los siguientes años se dedicaron a construirlo.

Mientras los frailes buscaban el paraíso en la tierra, los conquistadores y sus hijos pelearon por encomiendas que serían como feudos; muchos de ellos trabajaron codo a codo con los indios. Otros no. Los que fueron al norte lo hicieron por la palabra de Dios y por plata, los que quedaron en los puertos eran negociantes que sólo buscaban comercio.

El siglo XVI es la centuria de la construcción de las Indias. Y aunque muchas cosas distintas se construyeron, todo tuvo en común el mestizaje. Los conquistadores, sus hijos y sus nietos son los grandes padres del mestizaje, los que mezclaron la sangre española con la india poco más allá de la mitad del siglo.

Fueron tiempos duros y de consolidación, con mucho que construir, pero con epidemias devastando la población. La migración era escasa. No podía venir cualquiera, pues todos debían hacer solicitud por escrito a la Corona y ser evaluados, para no llenar las Indias de malvivientes, contrario a la leyenda negra que nos quieren hacer creer que los españoles hicieron en América lo que los ingleses en Australia. A Cervantes se le negó solicitud en su momento.

Más allá del permiso, pocos querían venir. Era peligroso. Implicaba sobrevivir al océano, no naufragar, no ser atacados por piratas y que no hubiera peste a bordo. Era sobrevivir a Veracruz y las enfermedades del trópico, adaptarse a la altura, recorrer caminos interminables en un reino cuatro veces más grande que España. Era venir a vivir con los indios.

La muerte de Felipe II en 1598 marca el fin del periodo fundacional de las Indias. El mestizaje se ha detenido, las alianzas originales se han ido disolviendo, muchas autoridades indias fueron perdiendo poderes, muchos pueblos indios fueron destruidos por la viruela, otros tantos se mudaron a las nuevas ciudades con los españoles y muchos se hicieron monjes.

Con una Nueva España ya estabilizada y trazada por ciudades ostentosas y llenas de lujo y arte, no tardó en aparecer la migración española, ya no de aventureros sino de burgueses, de comerciantes y hombres de negocios, de académicos y científicos. Pero sobre todo llegaron mujeres españolas. Eso no sólo detuvo el mestizaje, sino que significó el origen de la clase social que dos siglos después dejará de creer en el sueño de las Indias: los criollos.

Hijos de españoles nacidos en América, sin mestizaje en su genealogía, hijos de padres que llegaron a un reino que ya existía y funcionaba, que ya era otra España, que no tuvieron que conquistarla ni construirla ni aliarse con los indios. Su visión será muy diferente.

A lo largo del siglo XVII Nueva España floreció y se hizo uno de los reinos más ricos y prósperos del mundo, por momentos más que la propia España, que no es evidentemente una metrópoli. Nueva España se hispanizó, se hizo criolla, y al detenerse el mestizaje poco a poco fueron germinando y evolucionando dos sociedades distintas en el mismo reino.

A lo largo de la decimoséptima centuria también comenzó a decaer la dinastía. Cinco Habsburgo gobernaron España entre 1516 y 1700, los dos primeros fueron los grandes. Fue un siglo maravilloso en Nueva España, la etapa de máximo esplendor y máximo desarrollo artístico. Sin embargo, la dinastía comenzaba a agotarse.

El último Habsburgo murió en 1700 y dejó el trono de España en la testa de los Borbón, en la persona de quien será Felipe V, nieto del Rey Sol. No eran españoles, bien lo señaló el abuelo: pórtate bien en España porque es tu deber, pero nunca olvides que eres francés, pero no es sólo eso. Toda su forma de comprender el mundo es diferente.

Los Austria regían un imperio de reinos independientes con mucha autonomía, los Borbón son centralizadores, quieren control. Los Habsburgo promovieron el mestizaje, los franceses lo desestimularon y hasta se comenzó a hablar de limpieza de sangre. La Casa de Austria no dejaba de sentirse heredera de una tradición sagrada, de ser defensores de la cristiandad, lo cual siempre obraba en favor de las Indias; a la dinastía francesa, de origen protestante, finalmente todo eso le importa muy poco.

Por encima de todo, los Habsburgo veían provincias de un gran imperio, reinos independientes; los Borbón vieron colonias que debían ser explotadas para recomponer con ellas la alicaída economía de España. La Casa de Austria sabía que tenía una serie de alianzas con los indios, quienes debían ser tratados en pie de igualdad; los Borbón no querían saber nada de indios. España genera, Francia explota.

Con los Borbón vienen las reformas. Se pierde autonomía, los virreyes pierden poder, la administración se centraliza, franceses y afrancesados llegan a la corte novohispana, se suben impuestos, se controla el comercio, se cierran conventos y se suprimen órdenes religiosas; y lo más importante en ese sentido: la expulsión de los jesuitas, la orden religiosa predilecta de los criollos.

Y aquí aparecen los mentados criollos. No existían en el siglo XVI, no crearon o construyeron el reino, sino que lo heredaron un siglo después, no de hijos de conquistadores, sino de migrantes posteriores. Siempre migrantes, nunca conquistadores. Los llamados conquistadores no eran ni soldados ni un ejército, la generación de sus hijos fueron terratenientes sin ninguna inclinación militar y sin ninguna necesidad de ella.

A partir de 1535 que se instituyó el Virreinato, comenzaron a llegar administradores y burócratas, que no soldados. Se fundaron ciudades y arribaron ciudadanos, siempre un poco comerciantes, un poco ganaderos y un poco agricultores. Se entendían con los indios, comerciaban con ellos, trabajaban la tierra en conjunto, tenían conflictos con ellos, luchaban contra ellos, había violencia..., y un andamiaje legal para dirimir los altercados, normalmente relacionados con la propiedad de la tierra.

Las ciudades y los burócratas traen guardias reales. Eso es lo que se comienza a ver desde la segunda mitad del siglo antes aludido. El único ejército en ese momento, la única fuerza de guerreros que luchan como forma de vida y que podrían conquistar y dominar tierras, son los indios. De todos los pueblos y reinos antiguos, mexicas, tlaxcaltecas y texcocanos, pero también otomíes y purépechas, son los indios la única fuerza de ataque existente en la Nueva

España, y están conquistando islas del Asia Pacífico y el lejano norte de América.

En el siglo XVII hay estabilidad y prosperidad y no hay enemigo al acecho en ningún horizonte. Nueva España no tiene de quién cuidarse. A este y oeste están los dos océanos dominados por España, en el Pacífico no hay nadie y en el Caribe hay islas españolas. El sur es una selva inexpugnable que finalmente es también española y al norte un desierto que se va ensanchando hasta perderse en el frío y el infinito. Muy lejos, cruzando el desierto y el río Misisipi, hay unas colonias de granjeros ingleses.

No hay contra quién pelear y no hay enemigo interno. El colapso demográfico y el mestizaje han alterado y transformado por completo la vida de los pobladores antiguos. Los más se han integrado, no hay grandes rebeldías, en los escondrijos más profundos de sierras y selvas hubo pueblos que no conocieron a los españoles, para ellos la vida no cambió y seguía siglos en el pasado.

Ese tipo de contradicciones, muy mal manejadas en el México liberado, sigue siendo un problema hasta el siglo XXI. La mayor parte de los problemas con los pueblos indios no son derivados de trescientos años de sujeción a España, son producto precisamente de la emancipación. En el Virreinato había leyes y fueros para pueblos indios, propiedad comunal sobre sus tierras y respeto a sus tradiciones; el Estado moderno, laico y positivista que trataba de nacer en el siglo XIX nunca supo cómo manejar a esa población.

El ejército llegó con las reformas borbónicas. En la segunda mitad del siglo XVIII existió por primera vez un ejército formal en el reino. No era, desde luego, para someter pueblos indios en rebelión, sino para proteger los puertos y las costas de los ataques ingleses, tanto los oficiales como los de los piratas.

Tampoco había tantos ataques ingleses en la Nueva España. Ese ejército tenía, como todas las huestes del mundo y de la historia, otra función mucho más importante que defender al pueblo de los ataques extranjeros: defender a los gobiernos de su propio pueblo. En este caso, un ejército que permita imponer las reformas borbónicas que no serían bien vistas.

Las reformas afectaban particularmente a los criollos dado que el Virreinato perdía autonomía, la Corona ejercía más control, se elevaban impuestos, se establecían monopolios, se imponían nuevos aranceles. Y se formaba un ejército en el que los criollos no podrían pasar de cierto nivel en el escalafón, que sería para someter a esos criollos en caso de rebeldía y desacato, y que sería pagado con el impuesto de esos criollos.

Para los Borbón las Indias no eran un sueño o un Nuevo Mundo, sino una fuente de ingresos; y para los criollos —la élite económicamente poderosa de Nueva España— de pronto era molesto ser parte de la Corona.

Ante el panorama de la segunda mitad del siglo XVIII, los criollos comienzan a hablar de conquista. España ha conquistado a Nueva España.

También es cierto que España perdía su impulso. Era la gran precursora del humanismo, de la literatura, la intelectualidad y el pensamiento del siglo XVI, pero otras potencias generaron ideas y conocimiento y de pronto el siglo de la ciencia fue germano y anglosajón, mientras que la intelectualidad dieciochesca fue francesa en forma de Ilustración; todo eso en un mundo moderno donde la masonería se encumbraba entre la burguesía como alternativa filosófico-espiritual al catolicismo.

La fuerza de la historia hizo nacer a las Indias y fue la misma fuerza la que determinó su fin. Lamentarse del fin del imperio español sería no honrar la esencia de este relato. No hay tragedia o mala suerte histórica en toda la serie de causas y efectos que generaron la llegada a América y la caída de Tenochtitlan. No hay nada de qué lamentarse porque pasó lo que podía haber pasado. Es la realidad y no tiene caso luchar contra ella.

Esa misma forma de entender la historia funciona al llegar al tiempo histórico del fin del imperio. Una serie de causas y efectos eslabonándose desde el principio de la historia generó la llamada conquista de México, y esa misma marea de eventos interrelacionados hizo llegar a su fin el sueño de las Indias.

El final de esa historia puede tener sabor amargo porque parece estar envuelta en intrigas y en traiciones, en falsificaciones y leyendas negras, en criollos hispanos engatusados por masones británicos. Pero la historia de la conquista está llena de lamentos de traición, de Malinche y de los tlaxcaltecas y después de todos.

La historia es lo que es y no lo que pudo haber sido. No es lo que nos gustaría ni una de tantas opciones en el despliegue del tiempo. Somos resultado de todo lo que fue, de cada mínimo detalle del pasado, no tiene sentido juzgar la historia ni lamentarse de ella. Inglaterra se impuso a España en una guerra imperial de trescientos años; siempre se podrá argumentar su perfidia como causa de su triunfo. Pero se impuso. Inglaterra hizo caer el imperio español.

Pero el imperio hubiera caído de cualquier otra forma porque ese era el espíritu del tiempo, es la era de la caída monárquica y las transformaciones del mundo secular y moderno, y nada podía mantener atado un imperio de estructuras de otros tiempos. Se podía intentar transformar toda la estructura del imperio para adaptarlo a los nuevos tiempos..., sin duda, pero eso requiere de visionarios que casi nunca hay, y cuando los hay, no se les escucha.

Pedro Pablo Abarca de Bolea, conde de Aranda y ministro del rey Carlos III, se lo advirtió a su majestad en una carta en 1783. Los Estados Unidos acababan de nacer formalmente tras la aceptación de Inglaterra, y el conde le señaló que el país emergente sería un coloso nunca antes visto que atraería a trabajadores de todos los rincones del mundo a causa de sus libertades. Les dijo que con ese poder intentaría devorar todo el continente.

Le dijo también que era momento de reformar el imperio; de hacerlo una unidad sólida, con reinos independientes en América, gobernado cada uno por un infante de la Casa Borbón, pero con cortes locales, y con el rey de España en Madrid en calidad de emperador. No se le hizo caso, pero esa brillante iniciativa sólo hubiera prolongado la vida de algo que por el simple transcurrir del tiempo está condenado a morir.

No es una tragedia que haya caído el imperio. Tragedia es que toda América se haya fragmentado por miopías políticas de los supuestos libertadores, y planes de los británicos. Tragedia es que todo ese mundo hispano cortara los lazos con su madre patria, pero también con su pasado, su historia, su cultura y su tradición. Tragedia es que los hispanos hayan aprendido a despreciar su propia civilización. Tragedia es que el enemigo nos contara nuestra historia y nosotros la creyéramos. Tragedia es que un pueblo hermano esté dividido contra sí mismo a causa de mentiras. Tragedia es que no podamos comprendernos entre seiscientos millones de personas, aunque todos hablemos español.

La tragedia de la caída del imperio español es que no hayamos sido capaces de convertir esa inevitabilidad histórica en algo positivo, productivo y creador. Pero precisamente para eso nos impusieron una versión vergonzosa de nosotros mismos. La tragedia es que hayamos comprado una historia de conquista que nos envenena el alma y nos arrebata nuestro futuro compartido.

Nada ha logrado la América hispana, y muy poco su padre patria, en las dos centurias que lleva nuestra separación. La hispanidad es una civilización que se rechaza a sí misma a causa de una terrible narrativa plagada de mitologías deliberadamente perniciosas, que nos llevan a negar nuestra hispanidad en español, y que giran en torno a un mitema fundamental y fundacional: la conquista. Trauma de unos y culpa de otros.

Al día siguiente de la conquista Roma empezó a nacer en América, terminó el aislamiento, comenzó el mestizaje, se integró el mundo, hicimos germinar una civilización y juntos fuimos un imperio. Al día siguiente de la conquista, castellanos, tlaxcaltecas y texcocanos comenzaron a construir México y con ello la hispanidad, la civilización fusionada y mestiza, cristiana y humanista, mágica y mística que dio la vuelta al mundo y engendró la primera globalización, una civilización que dejó un continente completo sembrado de vestigios de nuestra grandeza conjunta.

Al día siguiente de la conquista comenzamos a existir nosotros.

La historia no deja de moverse. Cayó el imperio español. Seamos la civilización que yace en lo más profundo de nuestra sangre a través de la historia, y de nuestra mente a través de las palabras. Seamos los milenios de historias y cultura que se integran en nosotros. Seamos todo lo que nuestro hermoso pasado tiene para brindarnos en el futuro.

Al día siguiente de la conquista creamos juntos un Nuevo Mundo. Ahora somos una hispanidad exiliada. Es momento de contarnos otra historia.

Esta obra se terminó de imprimir
en el mes de febrero de 2026,
en los talleres de Diversidad Gráfica S.A. de C.V.
Ciudad de México